虞舜

夔龙

泉陵侯

龙伯高

李白

怀素

欧阳修 欧阳晔 欧阳观

4300年前

前125 前106

前124

175 185

764 771

805 815

1053 1073

① ② ③ ④ ⑤ ⑥ ⑦ ⑧ ⑨ ⑩ ⑪ ⑫ ⑬ ⑭

4300年前

4300年前

前124

48

725 759

768 799

998—1003 1023—1032

象

司马迁

舂陵侯

蔡邕

元结

柳宗元

柳应辰

宋迪

蒋之奇

黄庭坚

胡寅

范成大

文天祥

欧阳玄

1066
1067

1097

1114

1159
1163

1197

1306

1654

⑮ ⑯ ⑰ ⑱ ⑲ ⑳ ㉑ ㉒ ㉓ ㉔ ㉕ ㉖ ㉗ ㉘

1063

1067

1104

1131

1173
1175

1273

1307

周敦颐

范纯仁

李清照

赵明诚

杨万里

蔡元定

小云石海涯

王船山

钟君

主编

千年 圣贤先哲 打卡记

湖南人民出版社·长沙·

《千年打卡记》编委会

编委会主任：朱洪武　陈爱林

主　编：钟　君

副主编：谢景林

历史文化顾问：张京华

统　筹：蒋井泉　刘　波　欧显庭　万跃飞

文字编辑：唐晓山　饶爱玲　杨中瑜

序

　　永州，雅称潇湘，古称零陵，是夏以前就已出现的34处古地之一，至今已有2200多年的建郡历史。这里的山，凝固着画意；这里的水，流淌着诗情。连绵群山是页，潇湘二水是线，把她装订成了一本书。一千多年前，唐代著名诗人元结撰写《大唐中兴颂》，颜真卿挥毫抄写并将墨宝刻于浯溪石崖。自此开始，欧阳修、周敦颐、范纯仁、苏轼、黄庭坚、米芾、胡安国、张浚、胡寅、胡铨、陆游、范成大、杨万里、文天祥、朱熹、徐霞客、王船山、何绍基、杨翰、吴大澂等历代文人墨客"疯狂"打卡永州。距今已有千年，堪称千年打卡胜地。

她是一本厚重深刻的历史书，堪称华夏圣地。这里有悠久的人类史，考古学家在道县福岩洞发现了47枚8万至12万年前的人类牙齿化石，在道县玉蟾岩发现了9枚距今1.2万至1.4万年的人工栽培稻标本以及可以拼合成型的釜型原始陶片，被誉为"天下谷源，人间陶本"。这里有璀璨的文明史，"天下明德皆自虞帝始"，上古五帝之一的舜帝南巡，驻跸舜皇山、驾崩九嶷山，其道德思想如同璀璨明珠，镶嵌在永州大地上永放光芒。这里有光辉的文学史，"唐宋八大家"之一的柳宗元，谪居永州十年，寄情永州山水，写就著作334篇，留下《江雪》《永州八记》等众多不朽篇章。这里有深厚的中国哲学史的源头活水，"吾道南来原是濂溪一脉，大江东去无非湘水余波"，理学开山鼻祖周敦颐一生笔墨不多，却对后世特别是中国哲学发展产生了深远影响。这里有光荣的革命史，中国共产党成立之时全国党员只有50多名，其中永州就有3名（李达、李启汉、陈为人），孕育了李达、陶铸、江华、何宝珍等一批无产阶级革命家，锻造了共和国忠诚卫士陈树湘。2016年，继长沙、岳阳、凤凰后，永州成为湖南省第4个国家级历史文化名城。目前，拥有国家级文物保护单位34处、省级文物保护单位80处。尤其是湖南摩崖石刻，以永州为最，总量近2000方，名列全国前茅。

她是一本拨人心弦的心灵书，堪称文化高地。从舜帝"只为苍生不为身"的高尚精神，到柳宗元"吏为民役"的民本思想，到周敦颐"出淤泥而不染"的圣贤风范，到陶铸"心底无私天地宽"的坦荡胸怀，永州这片文脉源远流长、思想活跃、精神高尚的文化高地，不仅文源深、文脉广、文气足，而且直达心灵、扣人心弦，传递着满满的正能量。这里有走心的德孝故事，舜帝南巡至此，以德治国、仁平天下。这里有走心的励志故事，柳宗元被贬至此，自强不息、忧国抚民，政治落魄的十年成为提高其文学造诣的十年。这里有走心的红色故事，马克思主义中国化的先驱李达矢志不移坚守马克思主义信仰，无产阶级革命家、党和国家的卓越领导人陶铸一辈子无私无畏、襟怀坦荡，"绝命师长"陈树湘断肠明志、流尽最后一滴血。

她是一本清新脱俗的审美书，堪称生态美地。潇、湘二水在这里汇合，催生了"潇湘夜雨""蘋洲春涨"等极致美景，诞生了中国文学史上极具意境的"潇湘"一词，由此而衍生的宋迪《潇湘八景图》和郭沔《潇湘水云》，代表了中国绘画和音乐的完美意象。"潇湘"一词，已然由一个地理上的江河名称演绎成了文人墨客心中的绝美意境，幻化成了中国乃全东南亚艺术长河中的一种审美趣向。全市现有 10 个国家森林公园、4 个国家级自然保护区、9

个国家湿地公园，森林覆盖率达 65.3%，常年空气质量优良率将近 100%。在永州，可以呼吸到"爆表"的负氧离子，可以聆听到"雨打芭蕉""溪水长流"的生态美音，可以领略九嶷山白云缥缈、红霞万朵，舜皇山林深景幽、野趣盎然，阳明山千姿百态、万亩杜鹃，云冰山高山苔藓、云海雾凇的自然美景。

她是一本浪漫多姿的神仙书，堪称秘境仙地。这里瑶族风情浓郁，居住着湖南 80% 以上的瑶族人口，江华瑶族自治县的瑶族人口为全国之最，被誉为神州瑶都，"盘王节""洗泥节""赶鸟节"等少数民族节庆活动古朴而隆重，江永勾蓝瑶寨、江华水口小镇等瑶族村寨充满浪漫飘逸风情。这里古村遗韵浓厚，拥有 9 个国家历史文化名镇名村、43 个省级历史文化名村和 85 个中国传统村落，融自然山水和乡风民俗于一体，绿水绕青山，溪流过村庄，随处可见小拱桥、青石路、马头墙，宛如世外仙境。这里神秘色彩浓重，在宁远九嶷山一带，流传着娥皇女英"千里寻夫""泪染青竹"的爱情传说；在江永上江圩一带，流传着迄今为止发现的世界上唯一的性别文字——"女书"；在道县祥霖铺一带，存在一处古代祭祀遗址，数千尊石像集于一地，人们称之为神秘的"鬼崽岭"。

她是一本色香味美的美食书，堪称生活福地。地处湘江源头，舌尖上的永州，食材选取新鲜，口味变化多样，绝对挑战味蕾。吃在永州，可以品尝到八大湘菜之首——东安鸡的麻辣鲜香，可以品尝到永州血鸭的绵滑鲜嫩，可以品尝到永州"瑶家十八酿"的清爽细嫩，可以品尝到永州喝螺的汤鲜味美……1972年，美国总统尼克松访华，毛主席曾用东安鸡招待，尼克松赞不绝口。在"永州之野"，还可以到江永万亩香柚基地尝一尝富硒柚子，到江华瑶寨尝一尝"瑶山雪梨"，到回龙圩橘园里尝一尝"回峰蜜橘"……总之，永州美食众多，且非常实惠，只要有肚量，定能顿顿尽享口福、餐餐百吃不厌。

她是一本潜龙腾渊的励志书，堪称创业新地。近年来，永州立足区位优势、抢抓发展机遇，坚持把改革创新作为"第一动力"，把优化环境作为"第一保障"，创造了从签约到投产仅用33天的"永州速度"。踏上新征程，永州拥有无比广阔的发展前景，打造"三个高地"、实施乡村振兴、加强生态文明建设、加快文化强国建设等一系列重大部署，为永州发展提供了历史性新机遇。当前，永州正朝着实施"三高四新"战略、建设现代化新永州目标，加快打造"三区两城"，加速构建"一核两轴三圈"区域经济发展格局，不断推出更多鼓励大众创业、万众创新的激励机制，竭诚为每一位到永州观光旅游、投资兴业的宾客朋友提供最优惠的政策、最优质的服务、最优良的环境和最有利的平台，推动永州成为人才聚集洼地、产业发展高地、文化旅游热地。

永州"这本书"需要缓缓打开，值得好好品读。为了更好地宣传推介永州，在市委宣传部的策划下，《永州日报》从年初开始，陆续推出了"千年打卡胜地·千年打卡记"系列报道，选取在永州历史文化中具有代表性和影响力的数十个人物进行挖掘推广，文章优美，可读性强，知识面广，是打响永州"千年打卡胜地"文旅新品牌的有益尝试。现将其结集成册，衷心希望该书能够为广大读者了解永州打开一个新的窗口，提供一个新的视角。同时，也诚挚欢迎每一位读者追寻前人的脚步，相邀前来永州打卡。

是为序。

钟 君

2021 年 8 月 5 日

目录

01 虞舜

帝舜

禪授光明心學切要九官公忠萬世大孝

四千三百年前的伟大背影
——虞舜永州打卡记

○ 张京华　洋中鱼

如果有人问：在永州的历史上，谁是率先来这里打卡的人呢？

我们会告诉他：虞舜，时间在四千三百年前。

四千三百年前的这块土地，不叫永州。在取名永州之前，她还有一个曾用名：零陵。在取名零陵之前，这里应该还有乳名。只是，这个乳名，以前的人们没有记载，所以我们无法知道。但这里的天知道，这里的地知道，这里的山知道，这里的水知道，这里的云知道，这里的雨知道……

只有虞舜来了之后，这里才有了正式的名字：零陵。

虞舜，姓姚，名重华，字都君，诸冯（今

山东诸城）人，是一个原始部落的首领，一个据说活了上百岁的人，也是一个德高望重的人。

《礼记·大学》有这么一句话："物格而后知至，知至而后意诚，意诚而后心正，心正而后身修，身修而后家齐，家齐而后国治，国治而后天下平。"后人把它提炼为"修身齐家治国平天下"，成为教导人的名言。但真正做到的，也只有虞舜一个人。

舜帝的主要功绩可以概括为：举八元八恺，放四凶，命官职，治洪水，巡天下。

而关于虞舜的身世，历史上有三种说法：一是将他归于黄帝之族，认为他是黄帝后裔；二是认为他非黄帝之族，不是黄帝后裔；三是认为，他虽为黄帝之族，但他的始祖是幕，而不是项。

其实，对永州来说，他是谁的后裔并不重要，重要的是他曾经来过这里，而且最后留在了这里，包括他跟普通人一样的躯体、伟大的灵魂和崇高的思想。

虞舜是中华民族共同始祖之一，也是"三皇五帝"之一。虞

舜倡导"德为先，重教化"，成为推动由野蛮走向文明的历史转折时期的重要推手，《尚书》云："德自舜明。"《史记》载："天下明德，皆自虞帝始。"所以，后人尊奉他为中华道德文化的鼻祖。

如此伟大的先贤，为什么来我们永州打卡呢？

这就要从他的家庭和部落说起。

唐初经学家孔颖达说：虞舜"家有三恶，身为匹夫，忽纳帝女，难以和协……以法治家观治国；将使治国，故先使治家"。

虞舜的家庭很复杂，复杂到什么程度？用现代语言来表达，那就是世界之最。

在这个最最最复杂的家庭里，最善良的人和最险恶的人聚集在了一起。

虞舜的父亲瞽叟顽冥昏庸，不能分辨好恶；舜帝的继母壬女愚蠢而刻薄，偏爱亲生儿子；而异母弟弟象傲慢不敬，在母亲的教唆下，一度心狠手辣。三个人集中了人伦中一切的恶，联手起来陷害虞舜。

好在虞舜口碑甚好，因四岳推荐舜，被帝尧看中，选为接班人。帝尧在传位给虞舜之前，需要考验他，最好的办法就是把两个女儿下嫁虞舜，用来观察与监督。虞舜的两个妻子善良贤明，异母妹妹敤手，天真质朴，三个人集中了人伦中一切的善。家有三恶，又有三善，帝尧就是要看他怎么平衡所有人的利益诉求。

双方都是三人，看似力量均衡，实际不然。因为虞舜不仅要保护自己，还要保护二妃。棘手的问题是，虞舜不能天天和自己的妻子守在一起。如果只是小三口自嗨，事情就简单了。虞舜必须负担起家外的事，以帮助他的父亲；二妃必须负担起家内的事，以帮助她们的婆婆。他们不能时时守护，也不能躲开恶人。所以真正较量起来，竟让人胆战心惊。

后人是这样记录三恶罪行的："父母使舜完廪，捐阶，瞽叟焚廪。使浚井，出，从而揜之。"（《孟子·万章上》）"瞽叟尚复欲杀之，使舜上涂廪，瞽叟从下纵火焚廪。舜乃以两笠自扞而下，去，得不死。后瞽叟又使舜穿井，舜穿井为匿空旁出。舜既入深，瞽叟与象共下土实井，舜从匿空出，去。"（《史记·五帝本纪》）

三恶为陷害虞舜，精心设计了三道难关：

第一道难关叫作"焚廪"，场景是仓廪。

父亲瞽叟和继母壬女、弟弟象为谋杀虞舜，命虞舜去修理仓廪，去就放火烧死他。虞舜进退两难，二妃知道是个陷阱，但有把握助其逃脱，就说："去啊！你可以张开两笠，像鸟儿一样飞下来。"虞舜照着二妃所言去做，果然成功逃脱。

《敦煌变文集》中载有一篇后晋天福十五年（950）的抄本《舜子至孝变文》，其中有这样的渲染："舜子才得上仓舍，西南角便有火起。第一火把是阿后娘，续得瞽叟第二，第三不是别人，是小弟象儿。即三具火把铛脚且烧，见红焰连天，黑烟且不见天地。"

第二道难关叫作"浚井"，场景是井台。

弟弟象又和父母合谋，瞽叟命虞舜去淘井，去就落井下石活

埋他。虞舜进退两难，二妃说："去啊！你可以先挖一个倾斜的副井，到时候脱掉衣服，像龙一样钻出来。"虞舜照着二妃所言去做，果然又成功逃脱。

山西大同北魏司马金龙墓出土的彩绘漆画屏风，内容接近刘向《列女传》，风格接近顾恺之《女史箴图》，笔意连绵不断。这幅古代连环画的中间部分保留了虞舜父亲和弟弟搬动巨石的危急景象。

第三道难关叫作"速饮"，场景是瞽叟的家。

父亲瞽叟定计，召命虞舜到自己的家，准备饮酒灌醉虞舜然后杀死他。虞舜进退两难，二妃说："去吧！"配了葛根葛花的药给他服下，虞舜终日饮酒不醉，幸免于难。

虞舜三次逢凶化吉，得益于他的异母妹妹敤手。敤手生性善良，当她听到父兄要陷害舜的消息时，便悄悄告诉给二位嫂嫂，这就使得娥皇、女英能够从容应对恶人的诡计，帮助舜死里逃生。

虞舜是一个十分孝顺的人，尽管象是自己同父异母的弟弟，而且曾和继母多次设计陷害自己，但他都没有选择抗争和报复，只是选择化解。而三个恶人黔驴技穷，终于心服口服，改邪归正。

舜帝"孝感动天"的故事居"二十四孝"之首；妹妹敤手"舜妹护兄"的故事居"二十四娣之首"；娥皇、女英"聪明贞仁"的故事居《列女传》之首；异母弟弃恶从善、分封耕田，"虞舜封弟"的故事居"二十四弟"之首。所以说，虞舜一朝是中国古代传统优秀伦理的开端。

二

虞舜，在尧帝手下干了二十八年，包括摄政八年，才真正继承帝位。

尧是一个十分谨慎的人，尽管四岳向他推荐了舜，而且自己又把两个女儿嫁给了舜，并对他进行了长时间的考验，但还是等到舜五十岁时，才把天下大事托付给他。此刻的舜，虽然已总摄大权，统领百官，但尧还没有彻底禅让，因此，他必须通过一系列的举措，轰轰烈烈地干出一番大事业，才能证明自己的实力。

据《史记·五帝本纪》记载：从前高阳氏有八位有才能的后人，替老百姓做了很多好事，人们称他们为"八恺"，高辛氏也有八个有才能的后人，世人他们为"八元"，这十六个家族，世世代代秉持家族美德，没有辱没先人的名声。一直到尧的时代都是如此，可惜尧却没有起用他们。舜掌权后，大胆举用八恺的后代，让他们主管水利农事，他们处理各种事务，都办得有条有理。舜同时举用八元，让他们主管教育教化，结果整个社会变得父者义，母者慈，兄者友，弟者善，子者孝，得国内太平，四周狄夷都被教化得有规有矩。

不仅如此，虞舜还以毒攻毒，将部落范围内"四恶"（四个十分凶恶的人）流放到边远地区，去抵御害人的妖魔鬼怪。这样一来，从此朝野清静，国门打开，国内没有胡作非为的坏人了。

在父亲瞽叟和继母壬女去世后，为了给自己的同父异母弟弟象一个锻炼的机会，他把象派到了南方一个名叫有庳的地方；面对滔滔不绝的洪水，虞舜派大禹出马，去治理水患……

站在舜身后的帝尧，看见他决策行事有条不紊，心里暗自高兴。在对虞舜进行考察、培养和试用，直到完全可以放心时，帝尧这才把帝位正式禅让给他。

尧死以后，舜在政治上又有一番大的革新。原已举用的禹、皋陶、契、弃、伯夷、夔、龙、垂、益等人，职责都不明确，此时舜命禹担任"司空"，治理水土；命弃为"田畴"，掌管农业；命契担任"司徒"，推行教化；命皋陶担任"士"，执掌刑法；命垂担任"共工"，掌管百工；命益担任"虞"，掌管山林；命伯夷担任"秩宗"，主持礼仪；命夔为"乐官"，掌管音乐和教育；命龙担任"纳言"，负责发布命令，收集意见。

舜还规定：每三年考察一次政绩，由考察三次的结果决定提升或罢免。通过这样的整顿，"庶绩咸熙"，各项工作都出现了新面貌。前面提及的人都建树了辉煌的业绩，而其中禹的

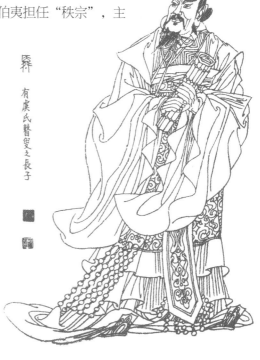

舜

有虞氏贤圣之长子

成就最大，他尽心治理水患，身为表率，凿山通泽，疏导河流，终于治服了洪水，使天下人民安居乐业。

舜在位三十九年，把庞大的部落治理得有条不紊，井然有序。在年老的时候，因为自己的儿子商均不肖，因此决定将帝位禅让给那个治水有功的大禹。然后，开始南巡。

舜带着一些随从，还有一支乐队，从帝都蒲阪出发，跋山涉水，一路往南。目的地是南岭以北两条河流交汇处，以及这两条河流的上游区域。根据早早在前探路的人传回的消息，在这片区域有九座连环相似的山峰，那就是他要去的地方。

唐代诗人陈羽有诗句曰："舜欲省蛮陬，南巡非逸游。"也就是说，虞舜南巡，并不是为了旅游。

人，从帝位上退下来了，但责任没有退；身，从帝位上退下来了，但心还没有退。舜不忍放弃对禹的分担，对部落的关注，对民众的关心。

舜南巡，是为了探视他的弟弟象，探望他的旧部族，并会见不服大禹的三苗，协调好部落之间的关系。这些，都让他十分牵挂。尽管禅让了，但他还是想为继任者禹和自己的部落做一点力所能及的事情，更何况探亲和巡察一举两得。

进入洞庭湖之后，舜帝一行溯流而上，过了衡山，舜的心里越来越兴奋。因为，他很快就要见到同父异母弟弟象了。

血浓于水。舜可以舍弃帝位，但无法舍弃亲情。尤其是在父母（继母）双亡之后，弟弟象，便成了这个世界上不多的与他有血缘关系的人。因此，他怎么也得来看一看象。当初，自己把象派来这里，不仅是想给他一个修身养性、痛改前非的机会，而且还给了他一个学习治理国家（部落）的机会。

舜甚至在很长一段时间里，为弟弟是否理解自己的良苦用心和将来怎么安排他而感到纠结。

按照人之常情，禹应该会给舜面子，将象安排到一个比较合适的位置。

但是，舜没有提出来，他要先见到若干年不见的弟弟，看看他是否具备了治理能力再说。

可是，当舜来到弟弟的封地有庳圩时，前来探路的人和当地的百姓告诉他，象早已故去！

舜感觉自己的心顿时被尖刀剜去一半，有一种说不出的痛苦。

稍感欣慰的是，当地百姓告诉他：象来到有庳圩之后，很受大家欢迎。象不仅将中原的农耕文明传到南蛮地区，教授民众捕鱼、狩猎、制陶、制茶等技术，教化民众，施以德政，而且将中原官话传到南方，为南北沟通起到了重要作用。他还发明了一种棋子，供大家娱乐。大家由此尊称他为象王。象王去世后，大家十分怀念他，正准备将他发明的棋子命名为象棋，将这里的地名改为象仁里，来纪念象王在这里布施的仁义道德呢！

舜听了大家的汇报，轻轻地点了点头。带着失去弟弟的痛苦，他继续溯流而上，来到了九座山峰十分相似的地方。一打听，才知道是九嶷山。

舜想继续深入深山，了解那里的民生状态。无奈年事已高，由于长期奔波，加上获悉弟弟早去的消息，他心力交瘁，精神恍惚，最后因体力衰竭而亡。

他万万没有想到，九嶷山竟然成了他的归宿！

在舜逝世大约两千年后，一个名叫司马迁的西汉史学家，根据前人的讲述和自己的调查，把舜的事迹写进了他的著作《史记·五帝本纪》中：舜帝"南巡狩，崩于苍梧之野。葬于江南九嶷，是为零陵"。

零陵，就是永州的前身。

"九嶷山上白云飞，帝子乘风下翠微。"舜在永州的足印，绽放出一个个诗意的地名：舜皇山、舜水河、南风坳、九嶷山……这些地名，如今都成了永州历史悠久的文旅资源。

更重要的是：人们都习惯把九嶷山称为中华道德文化的发祥地，而舜帝的道德文化与今天的社会主义核心价值观，又是一脉相承、生生不息的。

02
象

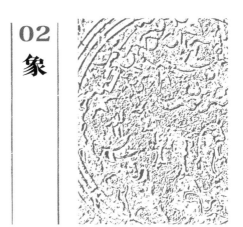

○ 洋中鱼

一个被有庳百姓祭祀千年的人

——象永州打卡记

※ 打卡时间：4300 年前

※ 打卡地点：有庳圩（又称有鼻墟，今双牌江村）

一

　　为了研究象，我和同事在双牌文友的陪同下，第一次踏上了江村这块古老而神秘的土地。

　　从象王岛到访尧村，从访尧村到象王岛，再联想到自己查阅的大量古文献，我一直在追寻四千三百年前象在此留下的足迹。

　　斗转星移，沧海桑田。江村镰涛湾的"有庳古封城"的古石刻不见了，访尧村道旁"古封有鼻墟处"石刻不见了，金沙滩（今象王岛）上屡修屡毁的有庳祠（又称鼻祠、象王庙）也因为当年修建双牌水库而湮没了……

　　站在象王岛的江边码头，眺望对岸的访尧村，令人思接千载；回顾附近的有庳祠遗址，再俯瞰跟前的滔滔江水，让人感慨万千：

江水可以湮没象王岛，但不可能湮没历史。

古籍上记载的丑恶形象，并不等于生活中的真实形象。

象在有庳圩的所作所为，虽然史书上没有什么记载，但在民间却流芳千古。他在这里的心路历程，虽然犹如北去的滔滔江水，已渐行渐远，但天地知道，日月也知道，甚至连大山、江水和风，也都知道。

二

象留给人们的第一印象确实不好，可以说坏透了，请看古文献记载：

《孟子·万章上》："父母使舜完廪，捐阶，瞽叟焚廪。使浚井，出，从而揜之。象曰：'谟盖都君咸我绩。牛羊父母，仓廪父母，干戈朕，琴朕，弤朕，二嫂使治朕栖。'"

《史记·五帝本纪》："舜父瞽叟顽，母嚚，弟象傲，皆欲杀舜。""后瞽叟又使舜穿井，舜穿井为匿空旁出。舜既入深，瞽叟与象共下土实井，舜从匿空出，去。""象曰'本谋者象。'象与其父母分，

● 访尧村的古石雕
（洋中鱼 摄影）

● 访尧古村（洋中鱼 摄影）

于是曰：'舜妻尧二女，与琴，象取之。牛羊仓廪予父母。'"

这两处记录太厉害了，用永州方言来讲，叫作晓了显火！

象与父母共同谋害同父异母的哥哥舜，他唆使父亲瞽叟叫舜挖井，等舜挖到很深时，他和瞽叟往井里填土，填完土之后，还扬扬得意地说："最初出这个主意的是我。"不仅如此，象还跟父母一起瓜分舜的财产，说："舜娶过来尧的两个女儿，还有尧赐给他的琴，我都要了。牛羊和谷仓都归父母吧。"

与父母合谋，欲致兄长于死地并霸占嫂子，这是多么可恶的人啊！

面对如此大逆不道的弟弟，还有对自己充满恶意的父母，舜居然选择了包容，他不但不认为这是他们的错，反而自责修养不够，因而更加孝顺父母，帮扶弟弟，善待身边的每一个人。

后来，舜即位成为部落首领，虽终日忙于政务，但也没有疏于对父母的孝顺和对弟弟的关心，以至于三个大恶人都慢慢被他感化了。

父母去世后，象见哥哥继位后威望甚高，于是也想效仿。舜得知，就把他派到南方的有庳圩去，史称"象封有庳"。于是，象正式打卡永州。

三

明洪武《永州府志》载："舜封弟象于有庳，即今道州地。州北六十里有象祠，土人水旱必祈。"《道州志》载："象祠在州北五十里江村，即鼻亭庙。"

由此可见，"有庳"是指道州江村。

其实，江村于1969年划归新成立的双牌县。有庳，在现今双牌县江村镇一带。

舜为什么要把象派到南方来？古人是怎么记录或评价的呢？

《孟子·万章上》说："万章问曰：'象日以杀舜为事。立为天子则放之，何也？'孟子曰：'封之也，或曰放焉。'"言下之意，舜对弟进行分封，是因为有人产生了误解，"或曰放焉"。

《孟子·万章上》又云："仁人之于弟也……亲之欲其贵也，爱之欲其富也，封之有庳，富贵之也。"意思说，舜因为对弟弟象的"亲"与"爱"，便要使之"富贵"。

前后两种说法，常人似乎更认同后面这个观点：使之"富贵"！

难道舜封象到有庳真的出于私心？

要想弄清楚舜封象到有庳的真实意图，必须把它跟舜南巡联系起来进行思考。

舜晚年南巡表面上看起来有很多理由：（一）被禹冷落，负气出走；（二）放松自己，游山玩水；（三）万里寻亲，探望弟弟……

但聪明人却是另一种看法：

《吕氏春秋》载："三苗不服，禹请攻之。舜曰：'以德可也。'行德三年，而三苗服。"《韩非子·五蠹》载："当舜之时，有苗不服。禹将伐之，舜曰：'不可。上德不厚而行武，非道也。'乃修教三年，执干戚舞，有苗乃服。"

也就是说，舜帝南巡的真正目的是：德服三苗！

要知道，在中国漫长的历史上，"国家"的概念最早出现在夏朝。夏朝之前都是部落，尧舜时代，中国的土地上存在三大部落：华夏部落、东夷部落和苗蛮部落。由于舜的贤明，被尧赏识，华夏与东夷两个部落之间通过政治联姻——娥皇、女英嫁入东夷或者说虞舜入赘华夏而实现了大融合，整个黄河流域实现了统一，但据有长江流域广大区域的苗蛮部落，则没有这种联姻，短时间内无法融入华夏部落。要让众多的苗蛮服从于华夏的统一领导，除了发动战争之外，还有一条选择："以德服人""泽加于其民"。

在我看来，舜是跟苗蛮协商之后，才把象派到属于苗蛮范围的有庳圩来的，其目的就是要象打前站，像自己一样，用德来感化苗蛮部落的人。

四

象不负重托，到了有庳之后，不但浪子回头、痛改前非，而且按照舜的嘱托，将中原的农耕文明传到南蛮地区，教授民众捕鱼、狩猎、制陶、制茶等技术，教化民众，施以德政，与苗蛮和平共处，实现了苗蛮与中华民族的大融合，也实现了舜的预期目标，深受百姓拥戴。

象去世后，深得人们缅怀。后来的夏商周时期，人们为纪念象，把从事中原与南方民族交流的使者称为"象"。《礼记·王制》中记载："达其志，通其欲，东方曰寄，南方曰象。"而有庳圩一带，不知何年何月开始，出现了祭祀象的祠堂。

关于象封有庳圩，历代文人曾多吟咏。明朝王会《江村》诗云："有庳数千载，人犹说象王。江村存庙貌，野老共蒸尝。傲德应非古，神明今有常。缩符淹旧国，瞻拜几徜徉。"清代诗人董延恩写的《春陵道》诗云："左右山联脉，群峰若列营，南巡虞帝迹，有庳古封城。"

只是这世界上存在许多怪相，对于象的评价，古代官方似乎更多批评和谴责。

唐代薛伯高任道州刺史时，"乃考民风，披地图，得是祠。骇曰：'象之道，以为子则傲，以为弟则贼，君有鼻，而天子之吏实理。以恶德而专世祀，殆非化吾人之意哉！'命亟去之。于是撤其屋，墟其地，沉其主于江"。

不仅如此，薛还写信给近在咫尺、谪居永州的柳宗元，请他写篇文章。柳宗元满口答应，果真写出来一篇《道州毁鼻亭神记》），他在文中赞赏薛伯高："以为古道罕用，赖公而存，斥一祠而二教兴焉。明罚行于鬼神，恺悌达于蛮夷，不唯禁淫祀、黜非类而已"并"愿为记以刻山石，俾知教之首"。

可以说，薛伯高和柳宗元对象的看法，代表了官方和文人长期以来的共同看法。所以，象在文献记载中的形象一直是臭名昭著的。

但有庳百姓却不买官方的账，官方拆了象祠，他们又集资重建，祭拜"鼻亭神"。如此反复，竟"不知何自始立，因而勿除，完而恒新，相传且千岁"。

明天启六年（1626），道州知州李嵊慈顺应民心，重修了象王庙，并撰写《重修象王祠碑序》一文，刻石于庙内。

五

俗话说：人之初，性本善。

如果我们站在今天的角度来审视象的一生，就可以发现他在舜即位前，一直是比较顽劣的。但我们不得不承认，他是多次犯罪未遂。到了有庳圩，他洗心革面，重新做人，付出了牺牲，取得了成功。

遗憾的是，《孟子·万章》和《史记·五帝本纪》似乎在断章取义，只截取了象坏的一面，还没有客观地收录他弃恶从善后的光辉形象。

我甚至怀疑司马迁在《史记》里面对象的丑化，主要是为了衬托舜帝的贤明与完美。

● 俯瞰象王岛（周凌志 摄影）

当然，世上毕竟还有直言不讳者。

明代大儒王阳明总算替象说了几句公道话，他的《象祠记》一文，不仅认为"信乎，象盖已化于舜矣"；还认为"象之既化于舜，故能任贤使能而安于其位，泽加于其民，既死而人怀之也"。他还进一步发挥说："吾于是盖有以信人性之善，天下无不可化之人也。然则唐人之毁之也，据象之始也；今之诸夷之奉之也，承象之终也。"

是的，从《孟子》一书到《史记》，再到薛伯高和柳宗元，大多数官员只看到了象不好的一面，而没有看到他后来的光辉。这就好比一个人，只被人们记住了少年时的污垢脸庞，却没有被人记住他成人后的光鲜夺目。

好在王阳明给了象较为客观的评价。

六

我一直在思考：为什么后来人们称象为象王，称他所封的有庳圩为有庳古国呢？

想来想去，估计是一种善意的赞美，也是一种美好的寄望。

在中国的历史上，并不存在"有庳古国"。"有庳古国"的最早记载，应该是唐杜佑的《通典·州郡典》："江华郡，道州：今理营道县，舜封象有鼻国，即此也。"宋人旧注："《集韵》：有庳，国名，象所封，通作鼻。《前汉·邹阳传》作'有卑'，并同音。"

再者，国家的概念是夏朝才开始出现的。既然没有国，又何来之王？董延恩写诗歌时，想必以此为据的。

四千年前的中国，人口并不多，加上交通不便，人口主要集中在黄淮流域的水岸城镇。由于南方苗蛮与北方华夏部落之间存在芥蒂，缺乏信任，所以经常打仗。舜即位后，为了征服苗蛮，决定改战争征服为道德征服，即用自己的诚意来感化对方，由此达成结盟。这就是他派象来有庳的真正动机。

象作为先行使者，会面临诸多考验。苗蛮部落起初对他肯定是持怀疑态度的，不可能给他很大面积的辖区，因而将他安排在有庳圩。

好在象没有忘记来这里的初心，并时刻牢记着自己的使命，后来以自己的实际行动取信于民，也赢得了苗蛮部落首领的认可，因此促成了南北部落之间的联盟。这也是在稍后的夏朝，出现真正意义上的国家的原因。

象，弃恶从善，有庳流芳。

七

舜禅让之后，带着儿子商均、传令官龙、典乐官夔和一支乐队南巡，他们告别帝都，由风陵渡过黄河，一路往南，直到潇湘、直到永州。沿路除了了解南方苗蛮与北方华夏部落的联谊情况，就是惦记着人在有庳的弟弟象。

关于舜帝最后是否见到了弟弟象，民间传说有两种版本：

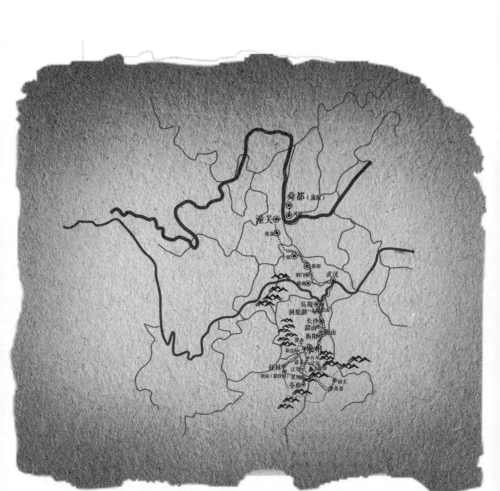

● 舜帝南巡路线图

一种版本是，他历尽千辛、跋山涉水来到有庳圩，见到了象。兄弟相见，彼此都十分高兴。象向舜汇报了自己在有庳圩教化当地百姓的情况，并拿出了自己发明的一种棋子，跟舜下了两盘。舜在有庳圩歇息了一晚，第二天早上才带着人朝九嶷山方向而去，后因心力交瘁，精神恍惚，体力衰竭而亡。

另一种版本是，舜来到有庳圩，当地老百姓告诉他说，象来到这里帮助大家耕种，传给大家文化，可惜不幸病逝，只留下所发明的一种棋子。舜获悉之后，老泪纵横，伤感不已。后来，继续南巡到九嶷山，最后因体力衰竭而亡。其实，象并没有去世，只是认为自己所做的事情还没有达到哥哥的要求，当舜来到有庳圩时，象躲到江心的岛上去了，教老百姓撒了一个谎。象得知舜崩葬于九嶷山，他就与侄子商均为舜在附近一带耕种祭田。所以，裴骃集解引《皇览》曰："舜冢在零陵营浦县。……传曰：'舜葬苍梧，象为之耕。'"清代屈大均也说："传曰：舜葬苍梧，象为之耕。象，舜之弟也。……舜之亲爱，天下莫不闻知……舜崩，四海丧之如考妣，爱象者，所以爱舜也。"意思是有庳圩的老百姓因为爱戴象，所以帮助一起耕种祭田。

八

每次看人家下象棋，我脑海里总会浮现出一幅景象：

象在中国南方潇江边的有庳圩一间房里的油灯下，对屡屡包容自己的哥哥充满了思念之情，想起自己若干年前对哥哥的谋害，心里充满了悔意。再想起自己初来乍到，这里也是打打杀杀吵吵闹闹的，经过自己多年的诚心教化，变成民风淳朴、和睦相处。这跟自己与哥哥当年的斗争，何其相似！

在与百姓娱乐时，象发明一种新玩法，他画出一种对应的格子，格子中间是一条河，用棋子在格子上演绎当年的家庭斗争：一方以哥哥为核心，两旁站着他的两个妻子；一方以自己为核心，两旁站着父母。双方本是一家人，可是斗得天昏地暗、你死我活。

但最后因为一方的谦让而双方互让，最终达成和解。

这棋是象受舜的影响而发明，后人称之为象棋。

这也是象留给人们的最好财富。

因为在天下所有的棋类中，只有象棋有和局。

和为贵，和则兴。和平共处，是人类发展的永恒主题！

03 夔龙

● 马王堆古地图中用九柱表示九嶷山，用文字『帝舜』称谓九嶷山

舜帝陵的守护者
——夔龙永州打卡记

○ 张京华　洋中鱼

一

虞舜南巡带着一帮子人，其中有两个旧臣堪称他的左膀右臂，此二人分别是：夔、龙。

《尚书·舜典》曰："伯拜稽首，让于夔、龙。"因为古书没有标点，所以两个人名连在一起，后人就便读成了"夔龙"，"夔龙"一词就是这样形成的。由于传说中的龙有很多种，后来人们就用这个词来专门指某一种龙——只有一条腿的龙。

这种误会确实很深，甚至影响到了一些古籍作者的判断，他们听说之后，对之加以神化，使之变得色彩迷离。《山海经·大荒东经》曰："东海中有流波山，入海七千里，其上有兽，状如牛，苍身而无角，一足，

出入水则必有风雨，其光如日月，其声如雷，其名曰
'夔'。黄帝得之，以其皮为鼓，橛以雷兽之骨，
声闻五百里，以威天下。"

大家看看，这是一种多么厉害
的动物！

与其年代大致相当的
《庄子·秋水篇》也有记载：
"夔谓蚿曰：'吾以一足
趻踔而不行，予无如矣。
今子之使万足，独奈何？'"
这些资料，也是将夔描述为一足。

● 夔和伯益（雕塑）

但这种误会被孔老夫子发现了，并及时给予纠正。

《韩非子·外储说左下》是这样记载的：
哀公问于孔子曰："吾闻夔一足，信乎？"曰：
"夔，人也，何故一足？彼其无他异，而独
通于声。尧曰：'夔一而足矣。'使为乐正。
故君子曰：'夔有一，足。'非一足也。"

《吕氏春秋·察传》里面也有类似记载，
鲁哀公问于孔子曰："乐正夔一足，信乎？"
孔子曰："昔者舜欲以乐传教于天下，乃令
重黎举夔于草莽之中而进之，舜以为乐正。
夔于是正六律，和五声，以通八风。而天下
大服。重黎又欲益求人，舜曰：'夫乐，天

● 龙（雕塑）

地之精也，得失之节也。故唯圣人为能和乐之本也。夔能和之，以平天下，若夔者一而足矣。'故曰'夔一足'，非'一足'也。"

还是孔子知识渊博，他告诉了鲁哀公历史真相："从前舜想用音乐向天下老百姓传播教化，就让重黎从民间举荐了夔而且起用了他，舜任命他为乐正。夔于是校正六律，谐和五声，用来调和阴阳之气。因而天下归顺。重黎还想多找些像夔这样的人，舜说：'音乐是天地间的精华，国家治乱的关键。只有圣人才能做到和谐，而和谐是音乐的根本。夔能调和音律，从而使天下安定，像夔这样的人一个就够了。'所以说，虞舜的意思是'有像夔这样的人一个就足够了'。而不是夔这个人只有一只脚啊！"

帝尧去世之后，虞舜在政治上进行了一番大的革新，针对大臣们分工不明的状况，他任命禹为"司空"，负责治理水土；任命弃为"田畴"，负责掌管农业；任命契为"司徒"，负责推行教化；任命皋陶为"士"，负责执掌刑法；任命垂为"共工"，

●九嶷山九龙柱（唐晓群 摄影）

负责掌管百工；任命益为"虞"，负责掌管山林；命伯夷为"秩宗"，负责主持礼仪；命夔为"乐官"，负责掌管音乐和教育；任命龙为"纳言"，负责发布命令，收集意见。

也就是说，夔是虞舜的御用乐师，为虞舜的工作和生活增添情趣、提振信心的。而龙，是虞舜的耳目，处于律令和谏言的流通中心，其地位十分重要。

有研究者称，夔作典乐，擅长击鼓，总是背个小鼓。龙作纳言，擅长讲话，总是挎个小喇叭。他们跟随在虞舜两侧，形象倒是很独特和鲜活的。

明·无名氏《鸣凤记·邹林游学》曰："夔龙礼乐承先范，班马文章勘墨铅。"也就是说，虞舜时期的礼乐制度是经夔、龙二人规范而成的。

虞舜禅让之后，基于南方有他的亲人（同父异母弟弟象），也有他的旧部族，还有不服大禹的三苗等几方面的原因，便决定南巡到九嶷山。而夔、龙等旧臣舍不得旧主，不顾年迈体弱，也就跟着来了。

虞舜带着夔、龙等随从从帝都蒲阪出发，他们过黄河，入潼关，经商洛，顺丹江，下汉水，取道荆州，过长江，入洞庭，溯流而上，来到了潇湘二水交汇处。再沿潇水溯流而上，抵达了九嶷山下。

一路上，虞舜一行寻寻觅觅，走走停停，留下了许多故事和传说，也就孕育了许多与之有关的古地名。比如：虞舜等登上洞庭湖中的一个小岛，发现那里有很多茶叶被人们忽视，便教授当地居民制茶的技术。后来，这个小岛因为舜帝居住过被命名为君山；

虞舜来到沅水旁边的一座山下，为当地百姓讲授伦理道德，后来这座山就被叫作德山；虞舜来到一座山峰上歇息时，曾演奏韶乐，这座山峰后来就叫韶山或韶峰；虞舜曾在湘江边的一座山上驻跸了一段时间，所驻的山就叫作舜皇山；虞舜来到苍梧山南麓的一个山坳，在此弹唱《南风歌》，这个山坳就叫南风坳；等等。

这些地方都是舜文化形成的基础，也是舜文化传播的道场。

当然，这些地方同样留下了夔、龙等人的足迹，留下了他们的赞美与慨叹，还有他们所遭遇危险时的心惊胆战。

虞舜的父亲瞽叟是个乐师，他的两个妻子娥皇、女英也很有音乐素养，身边的夔又是一个顶尖级的乐师，还带着琴，随时随地可以弹奏。因此，我们可以把虞舜的这次南巡，看成一次美妙的音乐之旅。虞舜不仅用音乐来调整自己和随从的情绪，还用其

九嶷山远眺

33

感化三苗。

　　我们从文化典籍、民间传说乃至于历史遗迹中，不难发现，关于舜帝奏《韶乐》、歌《南风》，大多在他南巡时产生。《吕氏春秋》载："三苗不服，禹请攻之。舜曰：'以德可也。'行德三年，而三苗服。"为什么仅用音乐和道德教化就可以使"三苗服"呢？这里其实有着很深的"族源"基础。

　　尽管虞舜很伟大，劳苦功高，但他毕竟是凡人，也是血肉之躯。当他获悉弟弟象已经故去时，心里的希望顿时化为乌有，在心情悲戚的情况下，体力消耗更大，所以，当他巡察到九嶷山一带时，

最后倒在了那里。随从就把虞舜葬在九嶷山，其他随从结伴返回故里，而夔、龙二人自愿留下来为虞舜守灵，后来被人们称为九嶷山的山神。

时至今日，一般人都很难想象，夔、龙二人当年守护在虞舜陵前的模样。当风霜雪雨飘零之际，当烈日寒月洒照之际，当虎啸狼嚎传来之际……他们心里是否像常人一样害怕过？他们究竟坚持了多久？是否最后也成了虞舜的天然陪葬？

战国时期的楚国政治家、大诗人屈原，把虞舜的事迹和爱情写进《九歌》中，说他们"登白薠兮骋望，与佳期兮夕张"。只是为了与湘君、湘夫人区别开来，屈原又别出心裁，把夔、龙二人合并成一个异性人物——山鬼，并采用山鬼内心独白的方式，成功塑造了一位美丽、率真、痴情的少女形象。

屈原在《湘夫人》说："九嶷缤兮并迎，灵之来兮如云。"又在《离骚》中写道："百神翳其备降兮，九嶷缤其并迎。"对于这两条，王逸都做了注释，前者的注释说："言舜使九嶷之山神，缤然来迎二女。"后者的注释说："舜又使九嶷之神，纷然来迎，知己之志也。"

在王逸眼中，是虞舜叫夔、龙率领九嶷山上的诸多神灵纷然飘飘地出来迎接二妃的。

刘彻说："神之揄，临坛宇。九嶷宾，夔龙舞。"所描绘的是众神出游的盛大场面。当众神相互牵引来到祭祀的宫殿时，虞舜应邀赶来做客，而舜的臣下夔和龙也来舞蹈娱神。

不管王逸怎么样注释，班固怎么描绘，至少可以说明一点：

作为虞舜生前的大臣，夔、龙二人对虞舜的忠诚，并没有因为虞舜的去世而消减。他们无论生前为人，死后为神，都一直须臾不离地跟随在虞舜身边。

到了商代，人们出于对虞舜道德文明的感召，对守护他的夔、龙二人也进行了神化和纪念，在铸造青铜器时，开始出现了夔纹：其体躯变化不大，有稚拙感，并多填以云雷文。到了周代，则变化为回首形，呈 S 状。其形态为龙形的，成为夔龙纹。

再到了先秦时期，民间流传已久的故事被整理成《山海经》，夔、龙二人就被神化成一种只有一只脚、本领十分了得的龙，从一直固守在虞舜身边，衍化成藏身于各个大山之中。人们出于对天地神灵的敬畏，常常自称是龙的子孙，以祈求神灵的庇护。

虞舜以自己崇高的思想和伟大的人格征服了二妃，征服了身边的臣子，还有天下的百姓。身边的人和天下的百姓对他的爱，产生了一个字："忠"。

二妃对虞舜之爱，是忠贞；夔、龙等臣子对虞舜之爱，是忠诚；而衍生出来的舜文化内核，是忠孝、忠信、忠勇、忠和……

虞舜对后世的影响很深很深，中国儒家思想就是虞舜思想的延伸。儒家学派创始人孔子十分敬仰虞舜。孔子一生的言论，被弟子们收集整理成《论语》，其中《论语·子路》说："居处恭，执事敬，与人忠，虽之夷狄，不可弃也。"意思是说生活起居要有严格规定，做事要时刻保持礼数，和人交往更要时刻忠诚，即使到了蛮荒的地方居住，这些法则也不能丢弃。

如果我们仔细核对这句话，不就是夔、龙二人的真实写照吗？

他们在虞舜面前就是时刻保持礼数和忠诚的，即便追随到了蛮荒的九嶷山地区，最后魂归大地，也依然如此。

虞舜所葬地九嶷山有很多民间传说，关于虞舜和二妃的化身，有人说分别变成了舜源、娥皇、女英三座山峰，也有人说三分石就是虞舜和二妃相拥而立所化。但更多的历史研究者，通常是把九嶷山看作舜帝陵，把潇、湘二水看成二妃，而零陵就是舜帝陵的专用名，犹如茶陵是炎帝的专名。

一座山和两条水就这样连接着、对望着……

就是这样一个山水佳处，舜帝来了，娥皇、女英二妃来了；被感化的舜帝的弟弟象封于有庳，在九嶷山下，也来了；舜帝的儿子商均，留驻九嶷山，墓今在九嶷山中，也来了；尧帝的儿子丹朱也来了，苍梧之山，帝舜葬于阳，丹朱葬于阴；大禹治水曾经抵达"九嶷山东南天柱"，也来了；潇湘庙又称禹皋庙，皋陶与舜帝、大禹同处一朝，担任理官，执掌刑法，跟随大禹，同至江南，也来了。

虽然尧帝时代南疆已经伸展到了交阯，但是舜帝君臣同来打卡，特别是夔、龙二人的终身追随，才真正掀动了南岭南北史上第一次的大规模开发。

司马迁

司马迁像

○ 洋中鱼

『舜葬九嶷』是他作出的千古定论
——司马迁永州打卡记

※ 打卡时间：元朔四年（前125）、元封五年（前106）冬

※ 打卡地点：九嶷山

一

要想全面了解司马迁，真不容易。

隔着两千多年的岁月，如同隔着两千多级上山台阶。无论我们怎么仰望，看到的只是他的模糊背影。

约公元前145年，司马迁出生在陕西韩城附近的龙门山下的某个村庄。

无论后来走到哪里，司马迁都不会忘记家乡陕西韩城附近的龙门山，那座大禹治水时开凿过的龙门山，他在那里生活了十年，"鲤鱼跳龙门"的传说和黄河的涛声，早就印在了他幼小的脑海里。

儿时的知识和记忆几乎都是父亲司马谈给的。父亲告诉他：司马这个姓，得益于祖先的官职。后来，他把父亲的话写进了《太

史公自序》里：

> 昔在颛顼，命南正重以司天，北正黎以司地。唐虞之
> 际，绍重黎之后，使复典之，至于夏商，故重黎氏世序天地。
> 其在周，程伯休甫其后也。当周宣王时，失其守而为司
> 马氏。

其实，司马迁出生的时候，司马谈还未做官，在家乡以务农
为生，但他不同于一般的农民，在面朝黄土背朝天的过程中，孕
育了从事史学工作的美好愿望。他向唐都、杨何、黄生学习知识，
都是奔这个愿望而去的。

● 司马迁创作《史记》

● 司马迁《史记》

在学习过程中，儿子司马迁常跟在身边，也就受到了很好的文化熏陶。

司马谈对儿子寄了很大的希望，他希望司马迁能继承自己的事业，当上史官，为社会的史学事业做贡献。因而在司马迁很小的时候，就督促对方学习以历史为主的知识。所以，司马迁十岁的时候，就能诵读《左传》《春秋》《国语》等古代史籍，成了当地的神童。他后来在《太史公自序》里说"年十岁则诵古文"，可见对儿时的印象颇深。

司马谈出任太史令的这一年，年仅十岁的司马迁随父亲来到了长安。从此，他的生活进入了一个新阶段。

长安人才云集，给司马迁提供了更好的学习环境。司马迁曾经向当时有名的古文大师孔安国学习《古文尚书》，又向儒学大师董仲舒学习《春秋》。孔安国和董仲舒的思想、学说对司马迁产生了深刻的影响，特别是董仲舒的儒家思想几乎影响了司马迁的一生。

勤奋刻苦的司马迁，在良师的指导下，学识越来越广博，如鹤立鸡群，成为远近闻名的才子。他深厚的学术功底，使他具备了入仕的条件，更使他成了一个年轻博学的人才。

俗话说：读万卷书不如行万里路。神奇而神秘的大自然，蕴藏着无限玄机，往往会带给有缘者许多启迪。

汉武帝元朔三年（前 126），年仅二十岁的司马迁暂时停止了对古文、经传的攻读，在父亲的鼓励和支持下，背着行囊，怀着继承祖辈史官事业的志向，开始访游名山名川，考察各地的风土人情，搜集各方面的历史材料。

对于这段记忆，他在《太史公自序》是这样说的：

> 二十而南游江、淮，上会稽，探禹穴，窥九嶷，浮于沅、湘；北涉汶、泗，讲业齐、鲁之都，观孔子之遗风，乡射邹、峄；厄困鄱、薛、彭城，过梁、楚以归。

也就是在出游的第二年（前 125 年），他打卡永州。

二

尽管司马迁的足印早就消失在岁月的尘埃之中，但根据他在《太史公自序》里的记载，我们还是能大致还原他当年的行踪路线的。

他这次的目的地主要是水系发达的南方地区。从京师长安东门出发，往东南方向到达南阳郡，然后横过中原大地，抵达青州和扬州交界处的江淮地区。他登上会稽山，探访深幽的"禹穴"，然后来到九江郡，攀登庐山，饱览匡庐之秀。又抵达九嶷山，寻迹湘西沅江，再到淮阴、淮泗口，以及孔子故里曲阜、邹县、彭城、睢阳等地，然后经大梁、函谷关，回到了长安。

他一路走，一路打听，一路记录。那些散落在民间的历史故事，如同沙滩上的一枚枚贝壳，被他小心翼翼地拾起、清洗，然后装入自己的口袋，变成自己今后创作的财富。

在路上，他迎来了新年。

雪融花开，春色依然。司马迁行走在路上，风景在路上，积累在路上。

还记得，他那次入洞庭、经长沙，溯湘江而上，来到了潇、湘二水交汇处的零陵郡城。

从洞庭君山到零陵蘋岛，司马迁听说了许多关于舜帝南巡和二妃寻夫的民间故事，这些故事像一块块闪光的金片，吸引着司马迁好奇的目光，牵引着他坚定的足迹。

在司马迁眼里，以德报怨、劳苦功高的舜帝是伟大的，听说就连那傲视天下的秦始皇对虞舜也充满敬重之情，曾带着左丞相李斯第二次来云梦时（前210），于云梦向着九嶷山遥祭舜帝，心里更加增添了几分对虞舜的敬意。

听到这样的故事，司马迁如获至宝，很快把它记了下来，后来写进了《史记·秦始皇本纪》。但仅有听说是远远不够的，他是一个做事很严谨的人，还得去现场求证。

在零陵郡下辖的营道县（今湖南宁远县）境内，有一座九嶷山，也是个充满神话色彩的地方。司马迁沿着潇水溯流而上，经营道县转陆路，穿越无数山川，终于抵达了他向往已久的九嶷山。

哦，这一定就是传说中的斑竹了，远远看去，像有点点泪痕洒在竹竿上。难道这真是当年舜的两个妃子娥皇、女英的血泪化成的吗?

司马迁登上九嶷山,在满山的竹林中慢慢走着,用手抚摸着一根根斑竹,想起二妃寻夫的美丽神话传说,他被深深地打动了。

于山巅环顾,发现九峰相似,密布如棋盘。而周边的群山,犹如朝廷文武百官和天下万民,都在朝九嶷山跪拜。

这是多么神奇的自然景观啊!

难道舜真的葬在这里?难道娥皇和女英真的到过这里吗?

看,那是玉琯岩前的舜帝陵庙,这就是人们祭祀虞舜的最好见证!

司马迁一边走访,一边记录,一边到现场考证辨认。

随着舜帝的弟弟象封有庳,舜帝的儿子商均留驻九嶷,舜帝的臣子夔、龙二人的日夜守护,尧帝的儿子丹朱葬于苍梧山之阴等传说故事的相继涌现,司马迁心中的虞舜痕迹逐渐明晰,他仿佛看见了虞舜在潇湘地区行走的背影,听到了虞舜在九嶷山群峰间的轻微喘息。因此他在后来的《史记》里作出如下结论:"(舜)南巡狩,崩于苍梧之野。葬于江南九嶷,是为零陵。"

三

对司马迁来说,第一次行旅究竟踏遍了多少山头?蹚过了多少溪水?历经了多少郡县?他心中可能不是很清楚。

如果问:听说了多少故事?记录了多少逸闻?涉及多少历史

人物？他心里应该很清楚，因为这一些后来基本上都被写进了《史记》。

青山逶迤，江河滚滚。两年行旅，晃眼而过。

华夏之大，有很多地方令司马迁心驰神往，但时间毕竟有限。

司马迁带着搜集史料的目的，去游历祖国的河山，心里十分舒畅。

站在一些历史遗址上，司马迁有一种重返历史舞台的感觉，看见那些业已远去的历史人物，又一个个转身回来，从自己身边经过。他不止一次一回地感叹，历史的深邃和个人的渺小；他也不止一次一回地赞叹，祖国山河的壮丽和生活的多姿多彩。

回到长安之后，二十二岁的司马迁并没有立即参加工作，乃至接下来的六七年，他基本上都是协助父亲写《太史公书》。其间，还跟汉代大儒董仲舒学习《春秋》等知识。

汉武帝元狩五年（前118），二十七岁的司马迁通过考试后，被朝廷授予郎中，正式走上仕途。

郎中的主要职责是看守宫门。遇上皇帝出行，就担任皇帝车驾的侍从。官位虽然卑微，但能经常接近皇上，便令许多人刮目相看。

如是过了六年，到武帝元鼎四年（前113），父亲司马谈由太史令兼任大行礼官，负责朝廷重大礼仪活动。

也就在这一年，汉武帝开始巡游郡县。作为皇帝身边的郎中，司马迁首次随汉武帝出巡，父亲司马谈作为太史令兼大行礼官，也在其中。父子同时跟在皇帝身边，那份荣耀，让司马谈心里感觉美滋滋的。

第二年即公元前 112 年，汉武帝再次到雍去行祭祀，司马迁再次随行。一番烦琐的祭祀仪式之后，汉武帝继续西行，越过陇阪，到了陇西郡，这让司马迁大开眼界。

汉武帝是一个很善于观察的人，对于身边的官员和奴仆，他大大小小都会有一些印象。司马迁多次跟随出游，他留给汉武帝的印象是头脑灵活、思维敏捷、学识丰富、修养良好、问答巧妙，因此得到了汉武帝的赏识。

汉武帝元鼎六年（前 111）正月，由于边境形势需要，汉武帝将司马迁由郎中提升为郎中将，并派他出使巴蜀以南，代表西汉政府去视察和安抚西南各少数民族。

司马迁到了巴蜀以南的少数民族地区，认认真真开展工作，不辱使命，如期完成。

当他赶回去向汉武帝汇报时，已经是第二年的春天。他本想去长安汇报的，得知汉武帝正在去泰山的路上，于是往东追来。

等他追到洛阳时，却得知身为太史令的父亲因突发疾病留在了那里，这让司马迁大吃一惊，决定先去看望父亲，再去泰山向汉武帝汇报西南之行的工作。

父子相见，泪水涟涟。司马谈估计自己时间不多，便叮嘱儿子："余死，汝必为太史；为太史，无忘吾所欲论著矣（我死后，你必定为太史；做太史后不要忘记我想要撰写的著述啊）……"

看见儿子点头答应，司马谈似乎了却了一桩心愿，他微笑了一下，便撒手人寰。

把父亲埋葬之后，司马迁的心情渐渐趋于平静，他想起自己的使命，不敢多耽搁，于是匆匆赶往泰山，去见汉武帝。

在中国人的传统中，父母的遗嘱如同帝王的圣旨，在子女心中有不可抗拒的效力。

也许，就是司马谈的遗嘱，将司马迁"逼"上了写史记的"绝"路。

四

汉武帝元封三年（前108），司马迁子承父业，出任太史令。从此，司马迁履行自己对父亲的承诺，开始论著历史这一伟大的工程。

在太史令任上，司马迁兢兢业业、克勤克俭，一直在忘我地工作。虽然汉武帝将太史令的职责缩减得不伦不类，但史官依然有机会阅读丰富的文献。

汉代京都有一个机关叫石室金匮，也就相当于现在的国家图书馆，那里藏有许多古籍文献，司马迁如久旱逢甘霖，长时间钻入其中，如痴如醉地品读，几乎忘了一切身外之事。

从繁多的竹简中寻找自己需要的东西，很不容易。由于竹简部分损坏或串竹简的牛皮绳断了，需要花很多时间去重新归类、整理、登记。但是，司马迁乐此不疲，在过程中忘了昼夜，忘了周边，忘了同僚，忘了自己。

那些年，他以石室金匮为家，终日与竹简为友，以竹简为枕、为案，以至于脑海里满是竹简，满是竹简上的列列文字……

文献的记载，自己的游历和考证，加上民间的传说，三者合一，便形成坚如磐石的定论。

对于那些存在疑问，需要继续考证的，司马迁一一做下记号，期待有机会去完成。

万籁俱静时，司马迁仍在伏案阅读；东方欲晓时，司马迁仍在伏案疾书。多少个日日夜夜啊，连星月都熟悉了他愈加瘦削的背影；多少个日日夜夜啊，连江河都熟悉了他那双渐渐近视的双眼；多少个日日夜夜啊，连虫鸟都惊讶他那深夜干咳的声音……

可这并不是他工作的全部，他还得陪同汉武帝出去巡游、祭祀。作为太史令，这才是他的本职工作。

从元封四年（前107）到天汉三年（前98），汉武帝像现今旅游公司的业务经理，频频外出巡游祭祀达到十次之多。

其间的元封五年（前106），司马迁扈从南巡。这次，他与众多臣子将士跟随汉武帝先到了南郡盛唐（在今安徽庐江），然后登上天柱山。途中，汉武帝忽然想起封禅泰山之后，不应忘了九嶷山，于是派司马迁就近南下，过长江，入洞庭，到九嶷山祭舜。

水，还是那条水；山，还是那座山。再次来到九嶷山，已经时隔近二十年。

昔日的年轻小伙子，如今已经人到中年。昔日的单身汉，如今已是一个女儿的父亲（司马迁的女儿，嫁给了官至丞相的陕西华阴人杨敞）。

故地重游，司马迁感慨良多。想起虞舜的美德和爱情，想起大汉的江山社稷，想起雄才大略的汉武帝，想起自己业已故去的父亲，以及自己小小的家庭，他心里波澜起伏，久久不能平静……

回到京城长安，汉武帝又交给了他一项十分重要的工作：牵头修改历法。

汉武帝知道司马迁有丰富的天文知识，可以胜任。为了尽快完成这项具有重大历史意义的工作，汉武帝还指定公孙卿、壶遂、侍郎尊等人协助。

司马迁受命主持改历工作，十分谨慎，除了跟汉武帝指定的人员进行沟通交流之外，他还邀请了许多学士、专家来参加改历工作，如邓平、司马可、侯宜君、儿宽、落下闳、唐都等都被请来了，无论是官府的，还是民间的，都被司马迁诚恳地请到了皇宫，包括他父亲的老师唐都，也被请来了。

几十位专家经过精密推算，在不到一年的时间里，就制定出了新历，即对中国历史影响深远的《太初历》，直到现在还被人们采用。

五

就在制定新历的同时，时年四十二岁的司马迁，开始了自己的《史记》著述。

因为他一直没有忘记父亲司马谈临终前的话。修史写记，看似简单，做起来却不容易。因为这在当时属于超职权的工作，甚至可以说是违法的行为。所以，参与制定新历的上大夫壶遂发现之后，就以好朋友的态度跟司马迁有了一番推心置腹的对话。

　　壶遂问："好兄弟啊，你说从前孔子为什么要作《春秋》呢（昔孔子何为而作春秋哉）？"

　　司马迁回答说："我听董生说：'周王室衰废时，孔子担任鲁国司寇，诸侯陷害他，大夫拥护他。孔子知道自己的意见不被采纳，政治主张无法实行，便把自己的褒贬是非寄寓在二百四十二年间的历史记载中，作为天下的准则，贬抑天子，斥责诸侯，声讨大夫，无非是为王道通达而已。'孔子说：'我与其空洞的说教，不如把意图表现在叙事中那么深刻明确。'《春秋》向上阐明三王治道，向下辨别人事准则，分清嫌疑，判明是非，论定犹豫不决之事，褒善惩恶，尊重贤能，鄙薄不肖，存留亡国家事迹，续写断绝了的王国世系，补救其弊病，振兴废弛之业，这是王道的精髓……"

　　壶遂又说："好兄弟啊，当年孔子之所以作《春秋》，是因为他在所处的那个时代没有遇到贤明的君主，他的才能得不到施展，观点得不到认同，所以才将自己的观点融于几百年的具体历史事件中，让后代的人们去评判是非曲直、明白事情真相。现在

● 北宋景祐本《史记》

我们大汉皇朝一派兴盛，上有贤明君主，下有固定职守，你干吗还想折腾去写什么历史呢？有这个必要吗？"

司马迁一听，赶紧解释说："不全是这样的。我曾经听我父亲说：'伏羲氏时代民风非常纯朴厚道，有《易》《八卦》流传下来；尧、舜的盛世，《尚书》中都有详细记载，《礼》《乐》也因尧舜的贤德而兴盛起来；商汤、周武王时代的兴隆，受到历代文人学士的赞颂；《春秋》宣扬善事，贬斥邪恶，推崇夏、商、周三代的繁荣、民心的纯朴，并且对周王室大加赞扬，它并不仅仅是对世事的讥讽啊。'……"

司马迁把以上对话记录下来，收到《太史公自序》里，说明当时撰写《史记》存在很大风险。他写的汉代部分，有不少抨击言论，甚至含沙射影，直至汉武帝。可以想象，如果被汉武帝发现，极有可能被砍脑袋。

但是，历史的使命鞭策着他，父亲的遗命督促着他，宏伟的理想激励着他，大汉的现状召唤着他。

司马迁别无选择，只好日夜奋笔疾书，挥毫洒墨，以满腔热情和严谨态度，著述《史记》。

直到有一天，大祸降临，司马迁不得不中止写作，由此陷入痛苦的深渊。

六

对司马迁来说，这是飞来横祸，也是致命的灾难。事情的经过是这样的：

天汉二年（前99）夏天，汉武帝派自己宠妃李夫人的哥哥、贰师将军李广利领兵讨伐匈奴，另派李广的孙子、别将李陵随从李广利押运辎重。

李陵只带了五千步兵出发，孤军深入浚稽山，与单于遭遇。匈奴以八万骑兵围攻李陵，双方兵力悬殊。在敌众我寡的情况下，李陵依然率部奋勇作战，表现出了非凡的勇敢。

经过八昼夜的战斗，他们斩杀了一万多匈奴，但因得不到主力部队的后援，结果弹尽粮绝，不幸被俘，然后投降。

消息传到长安，汉武帝十分恼怒，在朝会上大发脾气：这个李陵真是没有骨气，战死了我们还当他是英雄，现在投降简直连狗熊都不如！

汉武帝一边发脾气，一边征求百官的意见。大臣们对此事心知肚明，无奈贰师将军李广利是皇帝宠妃的哥哥，哪个敢得罪？因此，唯唯诺诺，不敢出声。那些出声的，也是顺应汉武帝的口气，要求处死李陵。

汉武帝就把目光投向太史令司马迁，询问他的看法。

司马迁平时虽然跟李陵的交往不多，两人志趣也不相投，但凭着平日的印象，他坦言直陈：李陵是一个"事亲孝，与士信，临财廉，取予义，分别有让，恭俭下人，常思奋不顾身，以徇国家之急"的奇士。这样的人，领着五千壮士与数倍于自己的敌军苦战多日，周旋上千里地，将士死伤累累却毫无惧色，没有一名援军却依然奋勇向前，这样的气节应该值得表扬啊！

司马迁的意思是，这分明是贰师将军李广利没有尽责，怎么能怪李陵呢？

汉武帝一听，心中大怒：你司马迁算是哪根葱？一个小小的太史令，居然跟我唱对台戏？不给你点颜色瞧瞧，你就不知道大汉皇帝的威信在哪里！

于是一招手，便将司马迁打入大牢。

突遭此难，司马迁无处申冤，而且摆在他面前的只有两条路：要么死罪，要么受宫刑。

司马迁原以为"刑不上大夫"，哪知道武帝变脸之后如此绝情。为了那些尚未完成的著作，他万般无奈，只好选择后者。

天汉三年的某日，司马迁心如冷灰，面无表情地走进蚕室，接受了残酷的宫刑！

没有了男人的特征，但依然还有男人的血性。他要把这人世间的真实面目，揭露给后人，他要把事情的善恶是非，留给后人去评判、去鉴别。

七

太始元年（前96)，全国大赦，被囚禁了三年的司马迁终于得以重见天日，获得人身自由。

走在大街上，迎着熟人的目光，司马迁感到了一种前所未有的寒气。这股寒气，比剑还要锋利，如同淬了麻药，刺透了他的心，他却感觉不到疼痛。

汉武帝诏令司马迁到朝，看见昔日才华横溢的太史令，或许是一股悔意和怜悯油然而生，或许是旧恨未销再次去侮辱，汉武帝委以他中书令之任。

中书令与尚书令的机构是类似的，主要是作为皇帝与尚书之间的传声筒。要知道，中书令从来都是由宦官担任的，这对司马迁来说，难道不是再一次的侮辱和嘲讽吗？

司马迁心里反复念叨着一个字：忍！忍！！忍！！！

他把心中的委屈，以书信的方式告诉了好友任安。

其实，任安也是一个糊里糊涂的人，至少可以说在宫廷斗争的关键时刻态度不鲜明、立场不坚定，因而惹祸上身，最后葬送了卿卿性命。

司马迁出狱不久，就收到了任安的一封信，意思是从此把他当成一般的宦官，叫他待人接物要谨慎，要不负朝廷的重托，担负起向朝廷推贤进士的责任，等等。

司马迁并没有马上回信，而是等任安因为犯罪入狱时，才写信告诉他。这就是著名的《报任安书》，也叫作《报任少卿书》。

在信中，司马迁满怀激愤地表达了自己的不幸遭遇，声泪俱下地控诉汉武帝的是非不明、残暴无情，说了诸如"未能尽明，明主不晓，以为仆沮贰师，而为李陵游说，遂下于理。拳拳之忠，终不能自列。因为诬上，卒从吏议……李陵既生降，隤其家声，而仆又佴之蚕室，重为天下观笑。悲夫！悲夫！事未易一二为俗人言也"之类的话，同时，也表达了自己的"三观"（人固有一死，或重于泰山，或轻于鸿毛，用之所趋异也。太上不辱先，其次不辱身，其次不辱理色，其次不辱辞令），并将自己目前的境况坦然相告，还讲述了自己为这部著作的忍耐与付出："刚开始草创还没有完毕，恰恰遭遇到这场灾祸，我痛惜这部书不能完成，因此便接受了最残酷的刑罚而不敢有怒色。我现在真正写完了这部书，打算把它藏进名山，传给可传的人，再让它流传进都市之中，那么，我便抵偿了以前所受的侮辱，即便是让我千次万次地被侮辱，又有什么后悔的呢！（草创未就，会遭此祸，惜其不成，是以就极刑而无愠色。仆诚以著此书，藏之名山，传之其人，通邑大都，则仆偿前辱之责，虽万被戮，岂有悔哉！）"

这封信同时也传达出一个信息：他（司马迁）欲以究天人之际、通古今之变、成一家之言的巨著，已经基本完稿！

他说的这部著作就是《史记》，原名《太史公书》，因司马迁做过太史令而得名。东汉时始有《史记》这一说法，后沿用此名。

《史记》是司马迁违法私自撰写的，也是汉代文学作品的绝妙佳作，它为中国的历史树起了一座里程碑，它光芒万丈，照亮了前代的历史，也为后代人献身史学照亮了道路。

于永州而言，司马迁是一个值得我们铭记和感恩的人，正是因为他在《史记·五帝本纪》的一句话："（舜）践帝位三十九年，南巡狩，崩于苍梧之野。葬于江南九嶷，是为零陵。"

就是这句话，为我们这块土地上古老的地名——零陵作出了权威诠释，为舜帝的最后归宿作出了一个千古定论。

05 泉陵侯

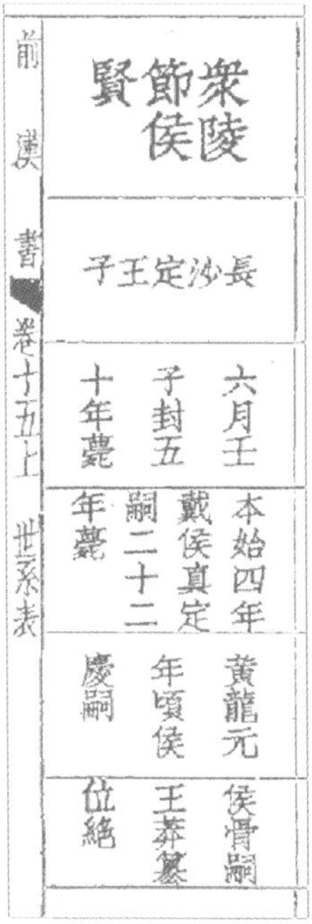

前漢書　卷十五上　世系表

衆陵節侯賢

長沙定王子

六月壬子封五十年薨

本始四年戴侯真定嗣二十二年薨

黃龍元侯頃侯慶嗣

侯胥嗣王莽篡位絕

一个被《汉书》记错封号的侯王
——刘贤永州打卡记

○ 洋中鱼

※ 打卡时间：汉武帝元朔五年（前124）六月

※ 打卡地点：零陵古城

一

他姓刘名贤，是汉室皇族，爷爷汉景帝刘启，是西汉第四位皇帝，在位期间因为继续推行与民休息、轻徭薄赋政策，社会经济得到进一步恢复和发展。为加强中央集权，采纳晁错建议实行削藩，平定吴楚七国之乱。其后又令诸侯王不得治民，损黜其官制，王国官吏由皇帝任免。后世史家将其和文帝统治时期合称"文景之治"。

遗憾的是，刘启只活了四十八岁，于后元三年（前141）去世了。

他的父亲刘发，在爷爷眼里的地位并不高，这与他的奶奶有关。

《史记·五宗世家》是这样记载的："长沙定王发，发之母唐姬，故程姬侍者。景帝召程姬，程姬有所辟，不愿进，而饰侍者唐儿使夜进。上醉不知，以为程姬而幸之，遂有身。已乃觉非程姬也。及生子，因命曰发。以孝景前二年用皇子为长沙王。以其母微，无宠，故王卑湿贫国。"

也就是说，他的奶奶唐儿，原是汉景帝程姬的侍女。有一次，还是太子的刘启召幸程姬时，适逢程姬有月事在身，不能进侍，就把侍女唐儿加以装扮，使她夜晚进侍刘启。刘启因醉酒不知内情，以为是程姬，就宠幸了她。不久，唐儿怀孕，刘启这才知道当夜侍奉之人不是程姬。后来，唐儿生下刘启第六子刘发。

刘启即位为汉景帝，念在唐儿为他生子的分上，加封唐儿为唐姬。前元二年（前155），汉景帝封其子刘发为长沙王。

汉武帝元光六年（前129），当了二十六年长沙王的刘发去世，谥号为定，史称"长沙定王"。

在我看来，长沙定王刘发有两大本领非当时家族其他男性成员所能及：一是对母亲的孝敬，二是生儿子的能力。

刘发有多少个儿子？众说纷纭，有的学者说是四个，有的说是八个、十个。

其实，不然，仅《汉书》记载的就有十六个。除了嗣位的长沙戴王刘庸，其余十五个儿子分别于元光六年（前129）七月（四个）、元朔四年（前125）三月（六个）、元朔五年（前124）三月（一个）、元朔五年六月（四个）分

● "刘彊"印章照

封侯王。

从《汉书》的排序来看，刘贤排最末，应该是刘发最小的儿子。他被封侯时，其父亲刘发已经去世五年了。也许是叔叔汉武帝念在家族的分上，才给了他一丝姗姗来迟的爱。

这也没有办法，因为汉景帝刘启一共生了十四个儿子，排行第十的刘彻虽然继承了皇位，但要想面面俱到，把每个兄弟姐妹侄儿侄女都照顾到，也不是一件很容易的事情。

青出于蓝而胜于蓝。刘发在生儿育女方面超过了他的父亲刘启，而且他儿子春陵侯刘买一脉还孕育了更始帝刘玄和恢复汉室光宗耀祖的东汉开国皇帝刘秀。

刘发的弟弟汉武帝刘彻，是一个具有雄才大略的帝王，他一生的建树很多。为了加强中央集权，他曾推行"推恩令"，看似有些草率，实际上是经过深谋远虑的。他以推广皇帝恩泽的名义把土地再分封给诸侯的子弟，表面上看起来是皇帝厚待诸侯，实际上是让诸侯王的子孙越来越多，侯国越分越小，有的跟现在一个县差不多大小了，无力跟中央朝廷抗衡。

零陵，也就是在此时得以显赫的。在"推恩令"施行的第四年，即元朔五年三月，汉武帝封同父异母哥哥长沙国王刘发（定王）的儿子刘义为夫夷侯。三个月后的元朔五年六月壬子（公元前124年农历六月二十六日），汉武帝将刘发的另外四个儿子分封到四个县级侯国：刘买封春陵侯、刘定封都梁侯、刘狩燕封洮阳侯、刘贤封泉陵侯。

而他的侄子刘贤，在接到诏令后，就带着妻室儿女及有关仆从一大班子人乐滋滋地来到了潇湘二水交汇处的零陵城，正式打卡斯地，开始了新的生活。

只是，刘贤没有刘买那么厉害，他被封侯泉陵，祖孙四代享受了百余年幸福时光之后，其侯国被王莽废除，子孙也就沦落为平民百姓。

更尴尬的是，刘贤分明是被封为泉陵侯，但在很长时间里一直被后人误作成众陵侯。现今出版的《汉书·王子侯表第三上》的表格里，还是印着众陵侯。

最近几年，我一直在研究永州馆藏文物，面对诸多的泉陵侯及其家族墓葬出土的文物，按图索骥去核对文献，总是对不上号。自己查询《史记》，司马迁在《建元以来王子侯者年表》中写的是泉陵侯。可是，在班固的《汉书·王子侯表第三上》里面只有众陵侯，没有泉陵侯。再检索其他文献，也大多以《汉书》提到的众陵侯为蓝本。

这，到底是怎么回事呢？

我曾向一些朋友请教，他们也回答不出所以然。直到自己在

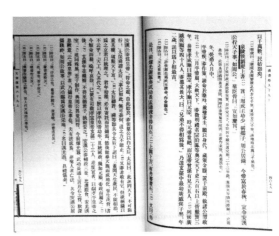

● 《汉书卷九十九上王莽传》中关于第三代泉陵侯刘庆的记载（洋中鱼 摄影）

某个晚上再次揣摩，忽然醒悟：可能是班固及其书后继者班昭、马续的笔误（《汉书》由班固写了九成，其中八表和天文志由其妹班昭、同郡人马续完成），他们在整理文献时把泉陵侯的"泉"字写成了众的繁体字"衆"，导致一误近两千年！

其实，这应该是《汉书》的一个疏忽，因为在同一本书中，《汉书卷九十九上王莽传》却是这样记载的："泉陵侯刘庆上书言：'周成王幼少，称孺子，周公居摄。今帝富于春秋，宜令安汉公行天子事，如周公。'郡臣皆曰：'宜如庆言。'"也就是说，班固本意上没有错，只是在编写的过程中产生笔误而已。

二

刘贤的县级侯国辖今永州市零陵区、冷水滩区、双牌县北、祁阳县、祁东县、东安县地。按照《永州府志·城池》的记载，泉陵侯国都城在城北二里，也就是今天零陵城内的泉陵路一带。

可以想象，崭新的泉陵侯国，应该像春天的一朵小花，绚丽地绽放在中国历史的枝头，十分艳丽与迷人。按理说，顺着大汉皇室的气数，泉陵侯国应该有一个很好的未来。

遗憾的是，正如俗话所言："好花不常开，好景不长在。"哪知道到了公元9年，新莽王朝建立，泉陵侯国就被废止，改名泉陵县（十六年后，零陵郡治迁来这里）。它像一架行驶的马车，还没有到目的地，就被逐出了历史的跑道。

从元朔五年六月壬子封侯，到公元9年，新朝建立，泉陵侯国废，照此推算，泉陵侯国实际存在约 133 年。

按道理，在这百余年时间里，历代侯王应该为零陵留下过一些政绩，或者说一些创举和传说的。遗憾的是，现存关于古城记忆的最早文献就是明洪武年间编撰的《永州府志》，该文献中对于唐代以前的记载很少，几乎找不到什么关于泉陵侯国的东西。

当然，文献没有记载的，并不等于历史上不存在。至少，在古城的心里，有一本明晰的账本。只是，古城很小心谨慎，她把这一切都捂在怀里，藏在心里，不轻易示人。直到 20 世纪八九十年代，一些关于泉陵侯的秘密，才逐渐被人们揭开。

永州古城的中心，有一个地方名叫鹞子岭。此岭是东山的北脉，虽然海拔仅百余米，却是永州历史文化的核心区域。在鹞子岭的东北麓，有一块大约一平方公里的区域（今天的永州监狱、市木材公司及南津渡办事处麻元村一带），是永州市战国和西汉大型墓葬集中处。

1984 年的某一天，时称湖南省第三监狱（现永州监狱）的工作人员在零陵鹞子岭组织人员取土烧砖时，发现一些西汉古墓群。在古墓群第一和第二封土堆之间，发掘了一座中型竖穴土坑墓，于是立即报告文物部门。

后来，经过文物专家的现场发掘，确定此墓多次被盗，但经过文物专家的细心筛选，还是出土了墓主印章"刘彊"一枚及封泥印文"臣敞"，人们才惊讶这个泉陵侯国家族墓地的庞大及其文化含量。

起初，有人认为这枚印的体型太小，不够大气。殊不知汉代

● 西汉"河平二年""泉陵家官"
髹漆木豆座（资料图片）

尤其是西汉，是一个很讲规矩的时代。西汉官印对钮式都有严格的制度，且同一钮式在其发展过程中又具有不同的形状。西汉官印的主要钮式为龟钮和鼻钮两大类，此外，还有螭钮、龙钮、鱼钮、蛇钮及其他兽钮，但龟钮的档次最高。再者，西汉各个时期官印的印台在形制和高度上有所不同，厚薄不一样。零陵鹞子岭西汉古墓群出土的这枚印的长、宽均仅为 1.1 厘米，说明制作技术更高，官位自然也更高了。如果说官秩在二百石以上的为通官印，印面方寸在 2.2 ~ 2.4 厘米，那么这枚更加精细的铜印主人，身份自然非同一般，应该是王侯一级的了。

这是一枚十分罕见的铜印。无论是印章的主体印文"劉疆"，还是封泥印文"臣敞"，主体都是阳刻朱文。印章与封泥印文两者之间的共同点是：外形方正，规矩变化，浑朴自然，粗犷有力。印章主体印文"劉疆"二字的偏旁部首，都有一点斜笔变化。至于封泥印，也是外框方正，印文"臣敞"则由低往高递增，"臣"字笔画少，是印文的起点，设计者故意在横平竖直的笔画基调上，运用了少许的斜笔，因而显得生气勃勃。"敞"笔画多，是印文的终点，故布局圆满，二字之上呈敞开式，加上"臣"的简约，使得整个印文既"疏可跑马"，又"密不透风"，很符合后来中国传统书画的章法布局，价值很大。

　　1992 年冬和 1995 年秋冬，湖南省文物考古研究所会同永州市文物管理所，在鹞子岭相继发掘了封土堆连在一起的两座大型汉墓，编号为鹞子岭 1 号墓和 2 号墓。均为土坑竖穴木椁墓葬，是一种朝西的斜坡墓道。因为那里曾是监狱办的红砖厂，封土堆在烧砖取土时已被挖去。

　　经文物专家实地测量，发现 1 号墓墓坑上口长 18.2 米、宽 18.3 米、深 14.3 米。因早年被盗，外椁顶板因风化腐朽而坍塌，内椁及二层棺木也被压垮移位，但结构可以复原。外椁三层，总厚近 1 米（底、盖均三层）。三层椁紧贴，椁四周壁板的排列是非常罕见的横板侧面紧筑排列方式，而由竖立的巨型木枋落槽拼合而成。最外层椁长 11.6 米、宽 9.48 米。这种壁板由竖立木枋构成的套椁，在迄今已发掘的汉墓中实属罕见，该木枋实际上也起着"黄肠题凑"的作用，用以体现墓主的等级身份，表明使用着诸侯一级的葬制。最令人惊讶的是，它的内椁为放置棺木的后室，底板为棺床，高出内椁的底板。后室左右各设一边箱，由上下横梁构成门楣结构，使整个墓室隔成前后两个大的部分，可从前室通过中门进入后室，通过两个侧门分别进入左右边箱。考古专家小心翼翼地搜寻，从中出土了一件实柄漆豆形器，底部朱书有"泉陵家官第三河平二年八月工张山彭见缮"字样。

　　后来，专家们从字面分析，泉陵家官即泉陵侯家的总管，第三就是第三代泉陵侯，河平二年就是公元前 27 年，张山与彭见，应该是两位工匠。因此，可以推定，1 号墓就是第三代泉陵侯顷侯刘庆墓。2号墓在1号墓南19米，墓口与1号墓齐平，二者当为异穴连冢的夫妻合葬墓，所葬为顷侯刘庆的夫人。

1995年，对2号墓进行了发掘。出土器物有铜器、漆木器、陶器、玉器、金器、料器等。其中，铜镜两件，均出自南外藏室前端，包括一件国家一级文物——昭明连弧纹铜镜。该铜镜宽素缘，半球状钮外有一圈连弧纹，其外围铸铭文"内清明以昭光夫日"八字，直径9.6厘米。文物专家断定这件昭明连弧纹铜镜是刘庆之妻生前所用之物、心爱之物。在我看来，这枚铜镜是西汉驿道上的一棵古树，是西汉江河上的一个码头，是西汉时期的一本相册，是对那个时期最有发言权的历史见证者，也是后人研究那个时代的一扇窗口。

元朔五年六月那一批的封侯中，刘贤侯王在位时间最长，达五十年之久。他及其子孙在零陵（永州）的一切活动轨迹及记忆，都浓缩在鹞子岭的墓葬群里。

06

春陵侯

漢 光 武 像

光复汉室那个刘秀是他的后裔
——刘买永州打卡记

○ 洋中鱼

※ 打卡时间：汉武帝元朔五年（前124）六月

※ 打卡地点：宁远县柏家坪

一

春，是个动词。

相传是黄帝的大臣雍父发明了一种工具——石臼，教老百姓把稻谷放在石臼捣，使之破碎或去皮壳，世人谓之为"舂"。

后来，由此诞生了专职官名：舂人。由于舂米的声音很好听，又衍生出一种打击乐器——舂牍，在远古的历史罅隙间，曾留下天籁之音。

春，也是一个名词。

用于山名，有高春、下春。又有鸟名，春鉏，形似鹭。

但用在地名上，却只有两处，一处在今永州市宁远县柏家坪镇，古称春陵。《汉书·地理志》载曰："南阳郡，秦置……

春陵，侯国。"《水经注》载："县本泠道县之春陵乡，盖因春溪为名矣。"一处是今湖北枣阳吴店镇春陵村，是汉代从湖南宁远柏家坪迁徙过去的皇族开辟。此处，还有一条因地得名的春陵河（古称春溪），也在宁远县柏家坪镇。

公元前218年，刚刚完成全国统一大业的秦始皇，南征百越。为保证军需给养，命令秦军修建攀越五岭的新道，也叫"峤道"。峤道的关隘和尽头，便修筑简易的城堡。其中"一路守九嶷之塞"，也是史称"始皇屯兵之处"的春陵。

也就是说，柏家坪在两千多年前的秦始皇时代就有峤道通达，地理位置颇为重要。

再后来，春陵又出现在长沙马王堆汉墓出土的《西汉初期长沙国深平防区图》中。深

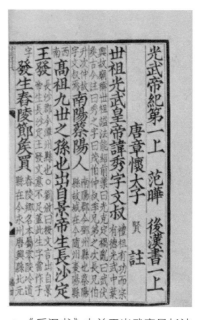

● 《后汉书》中关于光武帝是长沙王和春陵侯后裔的记载

平防区指的是深水（潇水上游）与汉初设立的桂阳郡南平县一带。这里与南越国接壤，是汉廷对敌斗争的南部前线，长沙国因此承担着重要的卫戍任务。

二

跟朋友数次到柏家坪，我心里一直在臆想两千多年前洒照在这里的秦时明月，还有回荡在这里的汉时足音。

也只有到了这里，人们才感觉到离秦朝不远，离汉代最近。

每每行走在古镇的街巷和田野之间，仿佛总有一种地磁力，在吸引着自己的心，要我把耳朵贴紧这块古老的土地，聆听她热烈的心跳；仿佛总有一种舂米的声音，如旋律般撞击我的心灵，要我敞开胃口，来品尝这里的美食。

李白诗曰："长安一片月，万户捣衣声。"我为此感到十分遗憾：当年李白游九嶷山，可能走的是水路，没有经过舂陵侯城，也就是现在的柏家坪。不然，他兴许在此追溯历史，写出"潇湘一片月，万户舂米声"之类的诗句来。

舂陵，地处阳明山与南岭山脉之间的道江盆地，自古以来就是一个地灵人杰，物产丰饶之处。这里产粮、产酒，出人才，也产文化和文物。

产粮不用解释，舂陵良田万顷，加上河流贯穿，堪称"鱼米之乡"；产酒不难理解，舂陵人豪爽、坦荡，爱喝用粮食酿造的酒，彰显男人本色，曾出一款备受追捧的"男儿酒"；舂陵出人才，唐宋时期出状元两名，即李郃、乐雷发。明清进士、举人有十多人；民国黄埔军校各期学生二十余人。

至于文物，就这么一个小镇，却有两处国家重点文物保护单位：舂陵侯城和舂陵侯墓。

这，在永州少见，在湖南也很少见。

三

79年，在古代对一个人的寿命来讲，似乎不算短了。但对一个侯国来讲，确实是短暂了一点。

在中国的历史上，在古老的舂陵河畔，就曾经存在这样一个侯国——舂陵侯国。

舂陵侯国的第一任侯王姓刘名买，是汉室皇族。他的父亲刘发，是汉景帝刘启和唐姬的儿子，被封为长沙定王。

说起来也有趣。唐姬原名唐儿，是汉景帝程姬的侍女。由于主人程姬月事在身，不能进侍，才得醉酒的汉景帝临幸，由此产下意外"结果"——刘发。

后元三年（前141）正月，汉景帝逝世，太子刘彻于三月即位，是为汉武帝。

为进一步削弱诸侯王的势力，汉武帝采纳大臣主父偃的建议，推行"推恩令"，以推广皇帝恩泽的名义把土地再分封给诸侯的子弟，也就是把一块蛋糕分作若干块，赏给皇亲国戚，让他们相互猜忌，相互监督，以减少对朝廷的要挟。

汉武帝即位后，曾多次封侯。元朔五年（前124）六月壬子（农历六月二十六日），汉武帝再度为一批子侄封侯，其中，六哥刘发的儿子刘买被封为县级侯国——舂陵侯国的侯王。

在这种背景下，刘买带着他的小家庭及食邑（吃皇粮）者于当年正式打卡永州宁远县柏家坪。

《汉书·王子侯表第三上》记载如下：

> 春陵节侯买，长沙定王子，六月壬子封，四年薨。（子）元狩三年，戴侯熊渠嗣，五十六年薨。（孙）元康元年，孝侯仁嗣。（曾孙）侯敞嗣。建武二年，立敞子祉为城阳王。

也就是说，春陵侯历经刘买、刘熊渠、刘仁、刘敞四代。

因为从刘敞的儿子刘祉为城阳王之后，逐渐没有了官职，刘秀就是平民百姓。

刘买来到春陵这个地方，远离了长沙城，离京都更远，比同一批封侯的弟弟刘贤所在的泉陵城条件还要差。

但是，刘买是一个很忠厚的人，他想起孔子"既来之、则安之"的话，于是铁心扎根斯地。于是，按照朝廷规定，花时间筑了一个小小的春陵侯城，把跟他一起食邑的三四百户人家安顿好。他需要这些人替他办事，实现他的人生愿望。

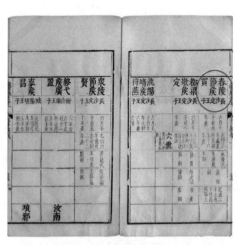

●《汉书》中关于春陵侯和泉陵侯封侯记载

这是到目前为止，

人们所发现的刘买留下来的两大财富之一（另一财富就是他的坟墓）。

除了遗留至今的春陵侯城，刘买在春陵还干了哪些事情，有多少功劳与过失，有怎样的欢乐与哀伤，文献中似乎没有什么记载，大约只有春陵的山、水、风、雨、日、月才知道了。

四

春陵侯城距离舜帝长眠的九嶷山很近，那里是历代先贤和人们的朝圣之地。

按道理，春陵侯及其子孙应该在阳明山脚下这块肥沃的土地上善始善终的。

可是，人们万万没有想到，元康元年（前65）刘仁在继承春陵戴侯刘熊渠的爵位成为第三代春陵侯后（史称孝侯刘仁），竟然上书朝廷，要求搬迁。

这可能有两方面的原因：一是受环境影响，二是受他父亲的影响。

刘熊渠曾去九嶷山朝圣，归来写了一首《舜庙怀古》诗：

> 游湘有余怨，岂是圣人心。竹路猿啼古，祠宫蔓草深。
> 素风传旧俗，异迹闭荒林。巡狩去不返，烟云怨至今。

从诗歌中可以看出，他在借古叙愁，对春陵这个地方并不怎么喜欢。

也许，在刘熊渠心里，春陵有太多的寂静幽暗，山涧冷寂和幽僻寥落，因此，只好忍她、由她、耐她、敬她。

但刘仁却不这么想，春陵这个地方这么潮湿，他不愿意为潮湿而献身，也不愿让瘴气埋葬自己。因此，他发誓带着子孙避她、弃她、离她。

刘仁的理由很充分：春陵"地势下湿，山林毒气"。意思是皇上啊，春陵这里环境太恶劣了，我们没法待下去，请您关心我一下吧。他甚至在奏章里提出：我一定要举家搬迁到离朝廷更近的地方去，哪怕减少封地也行。

其实，刘仁离开这里的真正原因，主要是嫌春陵这个地方离中央政权太远了，自己所作所为不能进入汉宣帝的视线，担心自己和子孙没有更好的发展前景。

令他感到遗憾的是，汉宣帝没有批准他的请求。

但是，刘仁脾气很倔，他认定要做的事情就会坚持不懈，找机会继续申请。

直到初元四年（前45），汉元帝刘奭被他缠得头晕，便批准了他的请求。

这项申请长达二十年，历经两个皇帝，可见刘仁的恒心和毅力。

朝廷同意后，刘仁就举家迁往南阳郡的蔡阳白水乡（今湖北枣阳吴店镇），却把一个名叫刘昌的次子留在这里，守护曾祖父和祖父的坟墓（如今宁远的刘姓，很多都应该与刘昌有关）。

这是一种象征行为，表明自己还是尽孝的，没有忘记长眠于此的祖父和父亲。

汉元帝见刘仁举家北迁，于是下旨将时年七十九岁的舂陵侯国与零陵郡的泠道县合并。

五

公元前45年，从湖南迁徙到湖北，舂陵侯家族开始时来运转。

或许，有人认为一个家族的迁徙，在历史进程中是微不足道的一件事情，殊不知它却成为影响汉代乃至中国历史进程的一个重要因素。

舂陵节侯刘买生有两子：长子刘熊渠，袭封为第二代舂陵戴侯；次子刘外，官任郁林（今广西桂平）太守。他们的子孙衍生成两脉：

其一，刘熊渠的长子刘仁（舂陵孝侯）→刘敞→刘祉（城阳王）；次子刘利（苍梧太守）→刘子张（生卒不详）→刘玄（更始帝）。

其二，刘外（郁林太守）→刘回（巨鹿都尉）→刘钦（南顿县令）→刘秀（东汉开国皇帝）。

所以说，东汉开国皇帝刘秀是舂陵侯刘买的后裔，刘买是他的四世祖。

对刘秀来说，他心里应该是十分感谢王莽的。

如果不是王莽半路杀出，颠覆汉朝，要把诸王和诸侯一并废除，让刘姓皇室宗亲的命运跌落到了谷底，已经沦落为平民的刘秀，可能没有为汉室翻牌的机会，也只能混迹南阳，默默无闻地度过一生。

要知道，在刘秀九岁的时候，父亲刘钦就去世了。他和妹妹成了孤儿，只能投靠叔父刘良，彻彻底底地变成了没有官职爵位的平民。

而王莽，给了刘秀一个逆袭的人生机遇。

《后汉书·宗室四王三侯列传》载曰：

> 莽新居摄，欲慰安宗室，故不被刑诛。及莽篡立，刘氏为侯者皆降称子，食孤卿禄，后皆夺爵。及敞卒，祉遂特见废，又不得官为吏……及光武起兵，祉兄弟相率从军……

人，大多是逐利的。一旦自己的利益受到威胁，常人都要习惯性地反抗。

王莽篡位之后，要剥夺所有王和侯的福利，大家自然要联合起来进行抵制，乃至起义反抗了。

顿时，江河起浪，风雨飘摇！

参与起兵讨伐王莽的不仅有刘秀，还有他的胞兄刘縯、族兄刘玄。三人举兵而起，打着光复汉室的旗号，很快就笼络了大批将士。

真可谓顺势而为也！

刘秀逆袭十二年，努力征战，先后平灭了关东、陇右、西蜀等地的割据政权，结束了自新莽以来多年的混战与割据局面，光复了汉室，建立起东汉王朝。

坐在龙椅上的刘秀，抚摸着自己身上的龙袍，看着跟前的臣子们，脸上露出了得意的笑容。

他觉得自己光复了汉武帝缔造的伟大事业，所以自称为光武

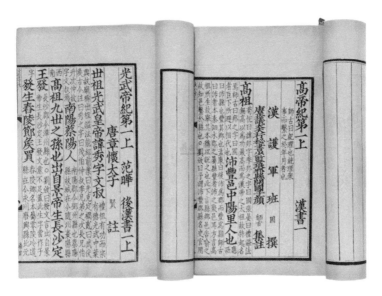

● 《后汉书》中关于光武帝刘秀的记载

帝。

从异姓手里夺回江山，这是一件光宗耀祖的大事情，刘秀也要有所表示，于是，从建武十九年（43）春起，派人来春陵大修祠庙，祭祀春陵侯，并把从春陵侯封地流出的河流命名为春陵河。

六

在当地朋友的带领下，我们首先来到永连公路对面的柏家井村。

平坦的路边有一方形围墙，巨大的柏树从里面伸出枝丫，显得格外突兀，老远就能看见。

车子抵近停下，我才发现墙上有一个简陋的小铁门，门没有锁，墙上有青石碑，刻着"春陵侯墓"四个隶书大字。

众人推门而入，感觉有几分凄冷。红砖围墙内，不见古墓应有的高大封土，一块碎成几段的石碑躺在荒草中，仔细辨认，能勉强看清"汉春"两个大字。

这就是春陵侯刘买的墓。

踏进铁门的一刹那，我在想：刘买在哪里？我们突然而至的脚步，是否会吵醒他的清梦？

环顾之后，我询问：史书记载，春陵侯的后人刘秀光复汉室后，曾下旨对春陵侯墓大加修缮，提升了祭祀规格，按理说，应该有很多汉墓应有的石雕、石像等物件，为什么不见呢？

当地朋友回答：听老人们说以前是有的，遗憾的是，所有物件早已不知去向。

在里外附近转了一下，看见一口塘，塘角有一眼泉水在汩汩流淌。

立在那里，我思接千载，感慨不已：

社会发展的车轮，可以碾压古墓至殆尽，但无法抹去历史的印痕。

不良之徒可以盗走墓葬里的文物，却无法盗走土地里所蕴藏的文化。

这口泉眼就像春陵侯刘买所掘，淙淙泉水从这里流出，注入春陵河，注入潇水、湘江，汇流到长江，由此滋润整个东汉的土地。

东汉皇朝像一只飞得很高的风筝，在中国的历史长空中展示出特有的风采。

可是，鲜有人知道，刘买却是这放风筝的人。

他手里拽着风筝的长线，线上缀饰着他的诸多子孙，他们像一个个助推器，把东汉推向历史的高空。

七

春陵侯国的迁徙，相当于现在市县一级的政府搬迁。

好在这种搬迁是整体的，有计划、有组织的，因此给春陵河畔遗留下两座古墓和一座设施基本完好的空城。

只是这座城经过两千多年风霜雪雨的侵蚀，如今只剩下一些残垣。

远远望去，似乎只是田野上隆起的一大块土台。走近，才发现城高出田野不少。

我们来到春陵故城下，从藤蔓遮掩的城墙上剥下一把城土，发现是用石灰、糯米渍和沙子混成的三合土。这是汉代建筑的典型技法之一。

从缺口处登上土台，上面是绿油油的菜地。站在菜地上，目测四周，发现春陵侯城呈长方形。而旁边的全国重点文物保护碑显示：东西长170米，南北宽135米。残高2至6米。

随行的一位朋友问大家：你们在这里有什么发现？

众人看了又看，似乎没有什么，于是摇头。

朋友指着城墙遗址介绍说：你们看，舂陵侯城遗址只有东、西、北三条城门，唯独没有南门！

是啊，真奇怪！这究竟是什么原因呢？

朋友作如是解释：舂陵故城南，地势开阔，一直延伸到道江盆地。公元前181年（西汉吕后时期），发生了一场惨烈的战争，苍梧王被隆虑侯周灶擒杀，越族及南蛮子被迫南迁，投至南越国治下。舂陵故城，在南北水系没沟通前，实为军事之咽喉，进可制南蛮直至两广，退可蔽零陵、长沙。而当时作为秦政王朝南征推进的城堡，自然不会南门洞开。

原来，对于舂陵侯来说，南方有威胁，所以要避开。

如果属实，那就印证了古人的智慧：因地制宜。

看见那些绿油油的一棵棵蔬菜，幻化成一个个汉人的身影，我不禁感慨万千。

遥想当年，舂陵侯刘买和他的子孙在这座地处重要战略位置、面积达两万余平方米的城池内，演绎着怎样的精彩生活？构思了多少生活的美好蓝图？散发出多少令人艳羡的王者之气？

而今，所有的喧嚣与繁华，都已随风而逝……

俱往矣！这让我忽然想起元曲大家张养浩的词句："天津桥上，凭栏遥望，舂陵王气都凋丧。"（《山坡羊·洛阳怀古》）

07
龙伯高

○ 敖炼

廉威赫赫，宇宙间气
——龙述永州打卡记

※ 打卡时间：东汉建武二十四年（48）

※ 打卡地点：零陵

一

天下龙姓皆以龙伯高为始祖，能作为一个姓氏的始祖，其道德功业必定是彪炳千秋的。

根据《龙氏族谱》及史书古籍记载，龙伯高是国内外龙氏有谱可查的公认的共同先祖。龙伯高葬于零陵后，历代龙氏后裔在此祭祀不绝。

龙原本是舜帝的一个大臣，负责纳言，后来渐渐演变成为姓氏。宋代邵思编写的《姓解》，是一部关于姓氏来源的书，其中关于龙姓的来源，是这么说的："龙姓，舜纳言龙之后，龙本舜臣名也。"后来郑樵在其《通志·氏族略》中也说："龙氏，舜臣也。龙为纳言，子孙以名为氏。"龙氏的先祖是舜帝的大臣，舜帝葬于九嶷山，而龙伯高也葬于离九嶷山不远的零陵，仿佛在舜帝去世两千多年后，冥冥之中，龙氏先祖又派后裔来零陵陪伴守护舜帝。

龙述（前1—88），字伯高。京兆（今陕西西安市）人。东汉建武初，龙伯高以学者首任山都（今湖北襄阳县西北）长，于东汉建武二十四年（48）任零陵郡（今湖南永州市）太守，为政有德，名传千古。东汉章和二年（88），以90岁高龄卒于零陵，葬于零陵城西北司马塘。

龙氏先祖原籍河北巨鹿（今巨鹿县），后来迁徙至京兆。龙伯高父先仕公，有四个儿子：长子伯高，次子伯湘，三子伯海，四子伯意。龙伯高作为长子，身先表率，品学兼优，孝悌于家，忠贞于国，是弟弟们的榜样。东汉伏波将军马援在给侄子的一封家信——《诫兄子严敦书》中赞美龙伯高的品德："龙伯高敦厚周慎，口无择言，谦约节俭，廉公有威。"由于这评价经典得当，后世之人但凡提及龙伯高，总要引用这几句话，可见龙伯高的形象在后人的心中已经是"敦厚周慎"的化身。马援还在这封信中说道："效伯高不得，犹为谨敕之士，所谓刻鹄不成尚类鹜者也。"意思是不能学习到龙伯高的全部优点，至少也可以学到他谨慎的品格，就像画天鹅不像也至少像只鸭子。

正因为马援的高度评价和极力引荐，建武二十四年，汉光武帝刘秀擢升龙伯高为零陵郡太守。龙伯高成为零陵设郡以来的第三位地方长官。

东汉初，全国有十三部刺史，湖南属于荆州部刺史，下有长沙、

● 龙氏族谱

武陵、桂阳、零陵四郡。零陵郡辖有十三县，当时的管辖面积除今日的永州市外，还包括周边的广东、广西，以及湖南的郴州、衡阳、邵阳的一部分，面积比现在的永州市大不少，是南方的大郡，可见光武帝对龙伯高的信任和重用。龙伯高上任之前，光武帝下诏书说："具官山都长龙述，廉公是饬，敦厚堪型，用擢尔零陵太守，官二千石。零陵山扼五岭，地控百越，人多剽悍，俗杂汉夷。惟尔公忠克沛，膏露于禹甸；惟尔廉威自化，刚劲于尧封。于戏！保厘大邦，封疆攸寄。秀凝寝戟，闾井务载其清宁；春荷锄犁，兆庶欲安于耕凿。则女红不害，而农事无伤，蓄积有素，灾害无虞。尚勤尔职，以称朕意。"诏书充分表达出对龙伯高治理零陵郡的期盼和要求。实际上，龙伯高果然不负光武帝所托，将零陵治理得有条不紊。康熙年间的《永州府志·循良》说龙伯高"在郡四年，甚有治效"。

由于历史久远，龙伯高的生平记载多已失传，到宋代时，仅有千古贤名流传，而不详其事迹，所以他如何治理零陵，做了哪些事情，已经不得而知，宋代杨万里的《伯高公祠堂记》就记载道："问此邦之父老以伯高之政，则皆不能言矣。"老百姓只知道龙伯高是"吾郡贤太守也"。

官方史书如《大清一统志》记载龙伯高"在郡四年，甚多治效"，是说龙伯高在零陵做了四年太守，而史载龙伯高以建武二十四年到任，以东汉章和二年（88）卒于零陵，中间相隔四十年。何以只在零陵做了四年太守的龙伯高，在四十年后又归葬于零陵呢？龙伯高以90岁高龄寿终正寝，在汉代是极为罕见的。可惜龙伯高留下的事迹太少，只剩坟冢记录于史籍，只留清气充溢于后世。

二

人们对龙伯高的纪念，主要体现在创作诗文、保护坟冢、修建祠堂等方面。

后人都赞美龙伯高的品行，早在东汉时，与龙伯高同时代的马援就盛赞龙伯高："孝悌于家，忠贞于国。清明临莅，廉威赫赫。朝廷褒功，田野咏德。宇宙间气，独君先得。俨然遗像，千载仪则。"

到了宋代，大诗人杨万里在《伯高公祠堂记》结尾处称颂龙伯高："愚溪之委兮，潇水之末流。有蔚其山兮，遵大路之石。陾玉立万碧光鲜兮，造昭回而修修。居者勿剪兮过者式，东京使君兮惠我以嘉德。庉倪俯偻以明祀兮，谓使君即吾翁。此邦孰非翁之子孙兮，不宁唯诸龙。荷杯兮桂酒，手舞康爵兮为翁介寿。飒然精灵兮翁来归，何以候司守兮，光风泛芙蓉之旗。"

宋代永州知州徐自明称赞龙伯高："班孟坚赞称燕齐之祀与周并传，得非太公召公之德，实磅礴于人心，故其传久不泯，与左氏载皋陶庭坚不祀，哀其德之不逮，民之无援，然则称迈种德而民怀者非耶？东都龙公以谨厚闻于世，马伏波以之教诫子弟。建武择守于焉，取斯迄今，云仍之贤，犹有存者，天之报施善人，不诬矣。"

宋张埏说："有盛德必百世祀，由汉距今千有余岁，名卿士大夫功业坎天地，见于丹青多矣，未有子孙嗣续不替，丘垅岿然，祠宇显设，如龙伯高，庸非盛德所致乎？"

明代零陵人易三接《寻龙伯高先生墓而吊之》："北郭萧萧君在兹，敬将名德托新诗。伏波不妄生前誉，作郡犹悬异代思。古树寒塘石碣在，山城烟火墓田夷。千年旧治留余裔，今日方开汉守祠。"

明代陈东《题龙伯高墓》诗："此邦昔日树旗旄，声望于今北斗高。为访名山埋骨处，思齐空觉我心劳。""廉威阡下人千载，南面还临司马塘。荒冢岿然勤仰止，斜阳回首独彷徨。"

清代零陵人谭光鼎《龙伯高墓》诗："廉威片碣志封阡，抔土能留汉代贤。祠宇讵依司马永，姓名先借伏波传。无边丘垅埋荒草，几处村墟冷墓烟。蘋藻独留遗裔在，善人食报岂徒然。"

清代常宁人郭宪章《题伯高公墓》诗："东汉遗风缅伯高，至今墓道扫蓬蒿。首丘倘使归乡土，血食何由飨涧毛。敦厚有余留宇宙，廉公守约愈英豪。伏波万里垂家诫，效法曾旌愿汝曹。"

龙伯高去世后，葬于零陵司马塘（今零陵区徐家井办事处新建村商业城旁司马塘路13号巷）。龙伯高的墓历代都有变迁，但大体位置没有变化。《零陵县志》记载："龙伯高卒，葬城北，祀名宦墓。在城北一里，时人名曰'廉威阡'子孙焉。立祠于司马塘上，故址犹存。""墓在零陵城北司马塘，立有石坊，上楣刻'谨饬名儒'四字。"永州地区的古墓，除了舜帝陵，春陵侯墓之外，龙伯高墓应该是较早的先贤坟墓，历来受到重视和保护。

明清时期，地方官员极其看重龙伯高墓，屡次加以修缮保护。

● 杨万里《伯高公祠堂记》

明代时，龙伯高墓周围修建了民宅，这一点在明代杨继时撰写《龙伯高先生墓志》中就有记载："问墓旁地，已入民间有数主矣。"于是杨继时"遂出囊金复之"，还命令当时的百姓"勿得剪伐侵葬"。杨继时写此文时是万历二十一年（1593），十年后，到了万历三十一年（1603），坟墓还没有得到完全保障，于是梁谆又命人重新修复，撰写《东汉伯高龙公墓记》，记载了当时的情况："顿见奸人停棺于其上，盗砍坟树数株，而草木蓊郁，居民环匝，上有坟墓，下有亭宇，其中神道塞焉。低回视之，则蹊径形迹犹存。于是促命恳辟，复故甬道，东至西横五丈，南至北长二十八丈，竖立界限，治诸肆侵者以法。"

由于战火及其他原因，今龙伯高墓址处仅存古墓碑两块，一为明万历年间通判杨继时立，碑面文字已经风化，仅隐约可读其文字"皇明万历……判永州事零陵钱塘杨继时顿首"；一为清光绪十年（1884）永州府儒学刘源淏立，碑文为"大清光绪十年甲申岁夏四月谷旦，东汉零陵太守龙公伯高先生之墓，永州府儒学浏阳刘源淏后裔田重立"。

宋代已经开始修建龙伯高祠堂，纪念龙伯高的德政。杨万里曾在零陵担任县丞，撰写了《伯高公祠堂记》，记载了修建祠堂的始末。当时距离龙伯高的时代已经过去千年，所以他在文章中说："夫自建武至于今千余年矣，莫详伯高之事，宜也。就使能言，可据依耶？然知与不知皆曰贤，则其政非有以得乎民，当不如是其人生汉世而史逸之。"老百姓不知道龙伯高在零陵做了哪些事，但都知道龙伯高是先贤，大概得民心者才能流芳千古，历代对龙伯高的赞誉和怀念有增无减，可见其影响之大。

宋代以后到明代，很长一段时间没有人管理祠堂，以致"风雨剥蚀，墙垣倾圮"。直到明嘉靖年间，才有后人翻修新祠堂，当时也叫三贤祠，祭祀龙伯高，以召公信臣、胡公寅配享其间。

明末清初，兵戈四起，祠宇荒废，成为丘墟。清代时，祠堂也几经兴衰。清雍正十二年（1734），时永州知府姜邵湘重建龙伯高祠堂，祠成，并撰文纪念："于汉见伯高龙公政事之休美，心向往之。舟车所至，溯濂溪之源流，凭吊司马、次山之故址，与伯高先生之遗泽，觉其流风余韵，犹有存者。"

清咸丰九年（1859），太平军窜逃至永州，祠堂与附近民宅尽付一炬。同治十一年（1872），湖南攸县宗人湛霖公出资重建龙伯高祠堂。光绪十二年（1886），又添修雨亭两厢，巍然壮观。

龙伯高在永州子孙绵远，流风遗泽，至今不衰，今永州市新田县有龙家大院，宗族谨遵祖训，崇德重礼，繁衍兴盛，体现了龙伯高的盛德。宋代已有龙氏族谱，民国十一年（1922）零陵龙氏新修族谱，其中《家训十则》：敬祖先、敦孝悌、睦宗族、肃闺门、和乡邻、崇节俭、勤职务、习诗书、尚廉耻、完国课。这也是为了能使后人"寓目惊心，潜移默化，庶几人尽善良，我祖敦厚之风永守弗替矣"。

龙伯高能被世世代代的永州人景仰、祭奠，不仅在于他治理零陵有功，更在于他的德行蜚声千秋。事业因时代久远，可能会渐渐遗失记载，以至湮没无闻，而德行却能因时间的沉淀而抽象升华，昭彰日月，传之万年。

08

蔡邕

○ 洋中鱼

永州最早的汉代石刻是他所为
——蔡邕永州打卡记

※ 打卡时间：汉灵帝光和二年（179）至中平六年（189）

※ 打卡地点：宁远玉琯岩、道县含晖岩、江华秦岩

——

公元 132 年，在陈留郡圉县（今河南杞县西南）古村落尉氏蔡庄一个大户人家，出生了一名男婴。母亲袁氏抱着孩子，让在新蔡县当县令的父亲蔡棱起个名字。蔡棱抱起婴儿看了看，亲了亲，说："你看咱们儿子眉清目秀，雍容大雅，就叫蔡邕吧，字伯喈。"袁氏听了，点头道："你说了算！"

没想到，他们的这个儿子长大之后，成为东汉的儒学泰斗，也是东汉的文化磁场，更是东汉象征着博学的符号。

蔡邕一生爱读书，他把赚来的钱大多用在购书上了，家里就像图书馆，在蔡伦改进的纸还没有普及的情况下，居然藏有古书典籍 4000 多卷（竹简），这是他及女儿博学

多才的原因，也是五湖四海那些有点门道的人，削尖了脑袋都想投到他门下做弟子的原因。有些弟子心想，跟在这样的名人身边，就算学不到真才实学，捞个虚名也可以出去炫耀。

蔡邕的文章写得很好，《述行赋》《短人赋》和《青衣赋》等流传至今，《隋书·经籍志》著录有其文集 20 卷，遗憾的是，早佚。明人张溥辑有《蔡中郎集》2 卷。丁绍仪《全汉诗》卷 7 亦载其作品。

蔡邕的画也不错。唐张彦远《历代名画记》载："灵帝诏邕画赤泉侯五代将相于省，兼命为赞及书。邕书、画与赞皆擅名于代，时称三美"，"有《讲学图》《小列女图》传于代"。由此可见，蔡邕擅长人物画，他的书、画、赞有"三美"之称，并因此受到灵帝的重用。

蔡邕除了文章和绘画，还有两大绝技：书法、琴技。这在当时，无与伦比。

蔡邕在书法史上的地位早有定评，特别在讲究笔法传授的传

● 蔡邕含晖岩题刻"水天一色"拓片

统艺术思维定式中，更被推为书家授受之祖。蔡邕的书法理论著作如《篆势》《笔论》《九势》等，都是中国书法史上的经典之作。

蔡邕善于观察，并把所闻所见运用到艺术创作之中。有一次蔡邕路过鸿都门，看见工匠们正在用扫帚刷墙，扫帚刷过的痕迹丝丝漏白，很受启发，回去便创造了"飞白书"。飞白体的特点是：每一笔中都丝丝漏白，仿佛使用枯笔书写一般。这种书法，后来深得历代书家的崇拜与临习。陆机的《平复帖》、颜真卿的《祭侄文稿》等名帖，均有飞白痕迹。北宋晏殊前后写了四篇有关飞白的书法言论。

其实，蔡邕最擅长的是篆书和隶书。他曾取程邈隶书书体八分中的二分，又取李斯小篆二分中的八分，融合成新的汉隶。而他用隶书写的碑铭尤为著名，当时请他写碑铭的人甚多。《后汉书·蔡邕传》载，175 年蔡邕和其他儒家学者正定六经文字，并"自书丹于碑，使工镌刻，立于太学门外"，这就是著名的隶书《熹平石经》，被后世奉为学习隶书的不二法门。

《文心雕龙·诔碑》谓"孔融所创，有摹伯喈"。应璩《与侍郎曹长思书》"夫皮朽者毛落，川涸者鱼逝。春生者繁华，秋荣者零悴"，直接化用蔡邕的"皮朽则毛落，水涸则鱼逝，其势然也"。孔融比蔡邕小约二十岁，应璩年辈更晚。像他们这样取法蔡邕的例子，在汉末不在少数。

不仅汉代书家取法蔡邕，唐宋以降，亦然。据宋人陈思《书苑菁华》第一卷记载："魏钟繇少时，随刘胜入抱犊山学书三年，还与太祖、邯郸淳、韦诞、孙子荆、关枇杷等议用笔法。繇忽见蔡伯喈笔法于韦诞坐上，自捶胸三日，其胸尽青，因呕血。太祖以五灵丹救之，乃活。诞苦求不与。及诞死，诞阴令人盗开其墓，遂得之。"蔡邕的书论，令钟繇垂涎三尺，不惜盗好友之墓将它据为己有。

蔡邕是一位音乐天才，他天生有一双音乐家的耳朵，对声音的感应特别灵敏；他天生有一颗音乐家的心，常常被音乐浸润。他对制琴材料了如指掌，能从一块桐木燃烧的声音中判断出这是制琴的良材，并把它拣出来做成绝伦绝美的"焦尾琴"。他能从琴声中感受到战场的杀气和田园的宁静，抚慰自己逃亡的心。

蔡邕琴乐造诣甚高。《乐府诗集》卷五十九《琴曲歌辞》三《蔡氏五弄》解题引《琴集》曰："《五弄》《游春》《渌水》《幽居》《坐愁》《秋思》，并宫调，蔡邕所作也。"又引《琴书》曰："邕性沉厚，雅好琴道。嘉平初，入青溪访鬼谷先生。所居山有五曲，一曲制一弄……三年曲成，出示马融，甚异之。"

蔡邕有两个女儿：一个叫蔡琰，字文姬，博学多才，通晓书、诗、乐，著《胡笳十八拍》，史称"一代才女"，为中国古代四大才女之一。但她命途多舛，据《后汉书·列女传》载：蔡琰"适河东卫仲道，夫亡无子，归宁于家"。也就是说，她开始嫁给卫仲道，丈夫死后回到父亲身边。东汉末中原大乱诸侯割据，原本归降汉朝的南匈奴趁机叛乱，蔡文姬为匈奴左贤王所掳，生育两个孩子。

曹操统一北方后，花费重金将蔡琰赎回，嫁给自己的部下董祀。蔡琰与董祀的感情也历经波折，董祀开始嫌蔡琰已经嫁过人，后来他因犯罪被曹操问斩，是蔡琰出面求情，才得以生存，后来两人感情益深，直至终身。

蔡邕的另一个女儿名字不详，嫁给泰山羊衜。《晋书》中有两处记载。《景献羊皇后传》说："景献羊皇后讳徽瑜，泰山南城人。父衜，上党太守。后母陈留蔡氏，汉左中郎将邕之女也。"《羊祜传》说："羊祜字叔子，泰山南城人也。世吏二千石，至祜九世，并以清德闻。祖续，仕汉南阳太守。父衜，上党太守。祜，蔡邕外孙，景献皇后同产弟。"

在当时，卫、羊两氏都是世家大族，都有各自的文化传统，虽然没有出名的书法家，但一致仰慕蔡邕的隶书，主动接近，得蔡邕指点。

在与蔡府联姻后，卫、羊两氏书家辈出，这与蔡氏姐妹不无关系，或将两家书艺世传特点交融合流而出新，或将蔡氏笔法授予子女而卓然成书家。卫、羊两氏又与琅琊王氏世家，即王羲之一族，有姻亲关系，进一步促进了不同书艺流派在世家文化世传中的大交融，从而嬗变为以二王父子为代表的东晋"尚韵"书风。

二

蔡邕具有中国传统文人的思想，习惯把一切理想化，他把琴的大弦、小弦和人间的君臣建立起对应关系，把琴弦视为君臣和谐的象征，因而，骨子里流淌着一种清高。

他没有想到，在现实生活中，他的这种清高一旦置身于复杂的君臣关系和社会政治之中，就会遭到排挤和打压，会给自己带

● 蔡邕秦岩题刻（洋中鱼 摄影）

来厄运。

桓帝延熹二年（159），当时年仅二十八岁的蔡邕，因为弹琴而闻名四方。陈留郡守听说自己辖区有这样一位音乐天才，于是向朝廷禀报，大权在握的中常侍徐璜便征召他为宫廷乐师。

一天，蔡邕家来了两名不速之客，对蔡邕说："我们是陈留郡派来的差役，中常侍徐璜听说你妙操音律，善鼓琴。特奏请桓帝征召你进京做乐师呢？"

蔡邕早就听说徐璜是臭名昭著的"五侯"之一，他们家人仗势而胡作非为，民众恨之入骨，蔡邕不愿意与这些人为伍。但差官一再催促下，蔡邕只好上路。走到偃师县，蔡邕忽然捂住肚子说身体有病，又回到了家中。

事后，他有感于此次事件，写了一篇《述行赋》。蔡邕没有想到，他此次拒绝徐璜等人的征召，虽然表现出了高尚的气节，但也由此得罪了这批权贵，以至于后来在仕途上屡遭厄运。

汉灵帝建宁三年（170），司徒桥玄发现蔡邕是个人才，于是征召他到府上任掾属，从此，蔡邕进入仕途。

司徒桥玄是蔡邕生命中的贵人，蔡邕因为他的举荐，出任河平县令，诏拜郎中，校书东观，升迁为议郎。

熹平六年（177），灵帝下诏自责，并下令群臣各自陈说可行的治理国家大事的措施。

灵帝把蔡邕找去，单独询问近来灾异变故的发生，是什么罪咎引起的。蔡邕觉得这是灵帝的莫大信任，于是上《陈政要七事疏》，直言政事，说妇人（外戚）和宦官干预政事，是怪异发生的原因之一，并弹劾太尉张颢、光禄勋玮璋、长水校尉赵玹、屯骑校尉盖升等人贪赃枉法。又举荐廷尉郭禧、光禄大夫桥玄、前任太尉刘宠，认为可以向他们咨议朝政。

不料，这份奏章在灵帝如厕时被曹节在后面偷看了，就向左右的人泄露了全部内容，致使事情泄漏。那些蔡邕认为应该废黜的人，都非常恨他，企图打击报复。

彼时，以名儒大臣为代表的清流党人以太学为阵地，组成有太学生支持的反对宦官集团。而宦官们为控制舆论和笼络人才，在灵帝的支持下于太学之外另起炉灶，在鸿都门下揽招擅长艺文之人，意欲与太学分庭抗礼。

灵帝光和元年（178）二月，"遂置鸿都门学，画孔子及七十二弟子像，其诸生皆敕州郡三公举用辟召，或出为刺史、太守，入为尚书、侍中，乃有封侯赐爵者。士君子皆耻与为列焉"。

文人风骨，可昭日月。以太学首领郭泰和蔡邕为首的清流党人，不愿与鸿都门学的仕宦同朝为官。蔡邕上书反对鸿都门学，结果以清流党人失败告终，史称"鸿都门学"事件。

特别是曾经被蔡邕拒绝的中常侍徐璜，让人匿名诬告蔡邕和他的叔叔蔡质。灵帝因此下诏给尚书，召蔡邕质问。蔡邕上疏为自己辩白，但他与蔡质还是被送入洛阳监狱。

蔡邕和蔡质入狱后，仇人设法将他们二人斩杀弃市。幸亏中常侍吕强，觉得蔡邕太无辜了，于是替他向灵帝求情。灵帝也想起了蔡邕之前奏章的话，于是下诏免他一死，与家属一起流放。

九个月后，灵帝想起蔡邕的才高，正好赶上第二年大赦，于是赦免蔡邕，准许他返回原籍。

哪知道就在蔡邕准备启程回郡的时候，发生了意外事件：中常侍王甫的弟弟、时任五原太守王智为他送行，酒喝足后，王智起舞劝告，蔡邕不理会他。王智觉得当众丢了面子，于是破口骂蔡邕说："你一个罪犯，巾敢轻侮我！"蔡邕听了，拂袖而去。

王智非常恨他，于是密告蔡邕心怀愤怨，诽谤朝廷。加上王甫怂恿灵帝宠幸的人也都诬陷他，蔡邕害怕降罪于己，于是亡命江湖，辗转吴地等处十二年。《后汉书·蔡邕传》载："邕虑卒不免，乃亡命江海，远迹吴会，往来依太山羊氏，积十二年。"

其间，蔡邕游走各地，履痕遍布潇湘。

三

张泽槐先生《名人与永州》记载，蔡邕曾在当时的零陵郡（今永州市）活动了很长一段时间，并留下了大量活动遗迹，有些遗迹至今尚存。

据明万历《永州府志》、清光绪《湖南通志》等文献记载：蔡邕入永州后，凡名山胜迹，到处品题。遗憾的是，蔡邕来永州的具体时间无法确定。从他光和二年（179）返京途中得罪王智、开始逃亡算起，到中平六年（189）灵帝去世，献帝即位，董卓任司空，征召蔡邕入阁为止，蔡邕打卡永州的时间也就在此期间。

蔡邕主要是冲着冷道县（今宁远县）玉琯岩的舜帝陵来永州的。作为东汉时期著名的文学家、书法家，他一定熟读了司马迁的《史记》，对舜"南巡狩，崩于苍梧之野。葬于江南九疑"很感兴趣，很想像司马迁一样，亲临九嶷山进行实地考察和感悟。

从吴地到潇湘，山高水远，但无法阻挡蔡邕坚定的脚步。他一路上跋山涉水，披风戴雨，溯流而上，抵达了这里。

从洞庭到潇湘，他一定听闻了许多关于舜帝南巡和二妃寻夫的故事；在零陵郡城，他一定听说了郡守龙伯高在零陵清廉为官的传说；或许，还有零陵城外鹞子岭战国时期的墓葬所尘封的前尘往事。

从零陵沿潇水溯流而上，可以直达营浦县（今道县，当时隶属零陵郡）、冯乘县（今江华县，当时隶属苍梧郡）。但从营浦县往泠道县只能走陆路，与水路相比，陆路更易迷路，行走更艰难。明代地理学家徐霞客来九嶷山时，还要沿途挂布条以标识，其艰辛可想而知。

徜徉在九嶷山的群峰之间，缅怀虞舜的丰功伟绩，蔡邕一定感慨万千。从舜帝的部落治理，到汉室江山社稷的维稳，带给蔡邕许多联想。或许，他在九嶷山地区待过数日，因而写下一篇《九疑山铭》：

> 岩岩九疑，峻极于天。
>
> 触石肤合，兴播建云。
>
> 时风嘉雨，浸润下民。
>
> 芒芒南土，实赖厥勋。
>
> 逮于虞舜，圣德光明。
>
> 克谐顽傲，以孝烝烝。

● 九嶷山玉琯岩蔡邕《九疑山铭》石刻

师锡帝世，尧而授征。

受终文祖，璇玑是承。

太阶以平，人以有终。

遂葬九疑，解体而升。

登此崔嵬，托灵神仙。

据考证，这是最早的直接以永州风物为题材的文学作品，也是一篇迄今为止能够看到的最早的祭舜帝文。

从铭文内容来看，蔡邕一定登上了九嶷山的某座甚至是几座山峰，才能描写出九嶷山的奇异风光，表现出九嶷山的那种王者气象，并由此歌颂舜帝的不朽功勋。

后来，这篇铭文被收录在唐代欧阳询等人于武德七年（624）编成的《艺文类聚》一书中。

也许，蔡邕当年苦于人生地不熟，条件有限，没有及时请人摩崖刻石。但是，到了南宋淳祐六年（1246），江华县本地书法家李挺祖将它书写并补刻到玉琯岩，而且作了题跋：

九疑名昉，离骚祠庙古矣，乃无汉以来碑刻。阅欧阳询《艺文类聚》有蔡邕碑铭，然仅载铭词，而碑文不著，惜也！它所遗逸多矣。袭之既考新宫，遂属郡人李挺祖书于玉琯岩，以补千载之阙云。淳祐六年秋八月，郡守潼川李袭之题。

从营浦到冯乘，水路经过营浦城郊的含晖岩，蔡邕曾在此游览，并在悬崖峭壁上留下了"水天一色"一方题刻。由于绝壁下临潇水，只有在船上才能看到。经过近两千年的风风雨雨，这方石刻至今存在，只是有些模糊难辨。

蔡邕曾经驻足营浦县的另一处岩洞，后人就将它称为"中郎岩"。

在冯乘县境内，蔡邕循迹来到一个岩洞前。听当地老百姓介绍，传说是300多年前秦兵过境时，附近村民曾集中在此避难。蔡邕听了，想起战乱对百姓带来的苦难，特别是眼前汉室的形势，于是挥笔写下"秦岩"二字，委托百姓找人刻在岩壁上。

如果大家细心观摩，可以发现"水天一色"与"秦岩"笔法十分接近，似出自同一人之手。它们是永州保留至今的最早汉代石刻。

以上就是蔡邕于乱世之中打卡永州时留下的可靠痕迹。

不过，民间还有一个传说：现舜帝陵前那块"帝舜有虞氏之陵"古碑，也是蔡邕写的。是真是假，有待进一步考证。

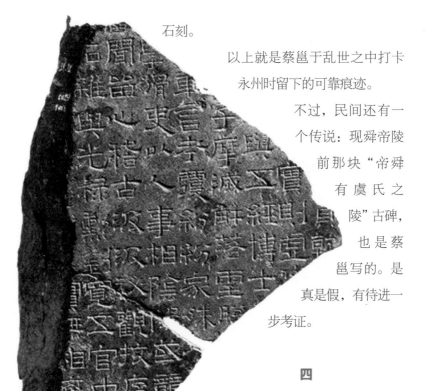

● 蔡邕书法《熹平石经》

四

对蔡邕来说，琴，是一种福，也是一种祸。他当年因琴名远扬而步入仕途，后来也因琴技高超而深得董卓欣赏。

中平六年灵帝去世，献帝即位，董卓任司空，专擅朝政，派人征召蔡邕入阁。

蔡邕效仿当年拒绝中常侍徐璜一样，回说有病不能前去。

哪知道董卓是个草莽，大怒骂道："我有灭人三族的权力，蔡邕就算骄傲，也是不过转足之间的事而已。"

这个口信被郡守带给蔡邕，蔡邕不得已只好应命。因为脑袋只有一颗，连累家人更不值！

到了洛阳，蔡邕被任命为代理祭酒，董卓对他十分尊重。不久，又被举为高第，历任侍御史、治书御史、尚书。

三天之内，遍历三台。这在中国历史上，恐怕是绝无仅有。

稍后，董卓又升他为巴郡太守，被留任侍中。

董卓老奸巨猾，先以诛灭三族相威胁，后以高官厚禄相利诱，软硬兼施，让蔡邕俯首称臣。

献帝初平元年（190），蔡邕被拜为左中郎将，跟随献帝迁都长安，被封为高阳乡侯。蔡中郎的称谓，就由此而来。

伴君如伴虎。董卓虽不是皇帝，但汉献帝一直被他架空，朝中大臣对于董卓的淫威，敢怒不敢言。而此时的蔡邕，身不由己地卷入到政治漩涡之中，对董卓也抱有一丝幻想，希望他能够重振朝纲，挽救汉王朝的颓运。哪知道董卓通常把蔡邕叫来，不是跟他商量朝政，而是要他在群臣宴会上弹琴助兴。

对蔡邕来说，这是他的人生污点。想当初拒绝五侯的征召，不肯充当他们门下的伶人，由此赢得人们的尊重。而现在董卓专权，自己却要为他弹琴助兴，这是一种不祥之兆。

初平三年（192），董卓被诛杀，朝廷上下无不称快。不料，蔡邕在掌权的司徒王允坐上跟他聊天时，说起董卓，蔡邕不禁为之叹息。

王允勃然大怒，呵斥他说："董卓，是国家的大贼，差点倾覆了汉室。你作为臣子，应该一同愤恨，但你却想着自己受到的礼遇，忘记了操守！现在上天诛杀了有罪的人，你却反而为他感到伤痛，这难道不是和他一同作为逆贼吗？"

或许，在蔡邕眼里，董卓是他的伯乐。尽管董卓做尽坏事，但他给了蔡邕机遇和地位，蔡邕对其还是很感激的。不料，王允认为他背弃国家，不仁不义，因此下令将蔡邕关进大牢。

蔡邕还很天真，认为王允是一时之气，于是在狱中递上辞表道歉，请求受刻额染墨、截断双脚的刑罚，想像司马迁一样，继续完成汉史。

不过，朝廷没有回复，蔡邕意志崩溃，最终死在了监狱里。

蔡邕像一缕蓝烟，追随东汉消失在历史的长空，但他在永州留下的石刻和诗文，如同璀璨星辰，至今还在中国文学的星空上熠熠生辉。

09 李白

诗仙与草圣相遇在潇湘
——李白永州打卡记

○ 洋中鱼

※ 打卡时间：开元十三年（725）秋、乾元二年（759）秋

※ 打卡地点：九嶷山、零陵

一

如果追溯他的祖先，可谓显赫至极。

大家知道战国时诛杀燕太子丹的名将李信吗？那是他的远祖。

大家熟悉王昌龄"但使龙城飞将在，不教胡马度阴山"诗句，可知道诗中"龙城飞将"指的是谁吗？指的是李白的先祖汉朝名将李广。

大家知道北朝时期西凉国的武昭王李暠吗？那是他的九世祖。

隋朝末年，他的祖先因罪被流放到西域。他于公元701年出生在当时属唐王朝安西都护府管辖的碎叶城，按照今天的地理位置，却到了邻国吉尔吉斯斯坦境内。只因出生前，其母梦见太白星入怀，其父便给他取

名叫"白"，字"太白"。

《新唐书·李白传》如是记载："其先隋末以罪徙西域，神龙初，遁还，客巴西。白之生，母梦长庚星，因以命之。"

试问普天之下的中国人，有谁不知李白？

有谁没有读过他的诗歌（比如：《静夜思》《早发白帝城》《古朗月行》等）？

有谁不知道他的故事（比如：铁杵磨成针、力士脱靴、长安街头醉酒、泪别汪伦等等）？

是啊，李白，李太白，大名鼎鼎，鼎鼎大名！

身为一个男人，李白一生只有三大爱好：舞剑、喝酒、写诗。

他五岁时随其父迁至蜀中，落脚在唐剑南道绵州青莲乡，也就是现今的四川省江油市青莲镇。

也就是在这一年，他接受启蒙教育。后来他在《上安州裴长史书》中回忆说："五岁诵六甲。"十四岁时才华显露，在跟县令吟诗作对时，震惊对方。

十五岁到十七岁，他为了写诗，曾到大匡山山脚下的大明寺系统学习《诗经》《楚辞》《乐府》等诗歌著作三年。

十八岁那年，他赴梓州，拜梓州郪县（属今四川三台）长平山隐士赵蕤为师，学习剑术、道术、纵横术，开始孕育自己的侠骨风范。

二十一岁到二十三岁，他回大匡山下继续学习。因长时间的浸淫，诗歌创作得以精进。

他对自己的才学很自信，对唐朝的科举考试十分鄙视，当别

● 太白醉酒图

人劝他去参考时，他一笑置之。他终生没有参加考试，因此也成为唐朝杰出诗人中的一个特例：没有参加科举考试，但他的诗歌成就与对后世的影响，几乎无人能比！

开元十三年（725）春天，二十五岁的李白决定去蜀远游。他"仗剑去国，辞亲远游"，开始了传奇的云游生涯。

从此，他像一个不知疲倦的行者，走遍了祖国的大江南北，领略了华夏的大好山河。

人们不是常说"读万卷书，行万里路"吗？他，便是伟大的践行者。

他乐此不疲地为祖国大地唱颂歌，祖国大地也丰富了他的诗歌内涵。

在行走的路上，他秉性而为，始终坚定自己的人生理想，忠于自己的内心快乐。

他出生在盛唐，成长在盛唐，又随着盛唐落幕而谢世。

他的诗歌，与时代同脉搏，与人民同呼吸，与国家共命运。

他的剑气里有诗意，他的诗意中有剑气。诗与剑，令他傲立于世。

他是盛唐的见证者与记录者，是盛唐的讴歌者和腐败官僚的鞭笞者，更是盛唐的眼睛与灵魂。

他站在盛唐的门槛上，背影被拉得很长很长，直到现在，人们都在深情地仰望。

二

我们不得不承认，李白是一个天才，但他不屑于科举，导致很长一段时间怀才不遇。

为了谋生，他曾投奔安州都督马正会。尽管马正会很欣赏他并想重用他，无奈有人从中作梗；他又去拜谒当朝名臣裴宽裴长史请求荐举，无奈因有酒后"犯夜"事的"前科"而终为所拒。

他曾去京城拜谒宰相张说，不料张说刚好病重；他又转而谒见其他王公大臣求荐，无奈均无结果。

他曾离京去拜谒邠州司马李粲和坊州司马王嵩，希求得到举荐，同样未果；他不甘心，再去恳求荆州长史韩朝宗荐引，还是无果。

从安陆到长安、巴南、巴中、巴东，再辗转到岳州、衡州、零陵、浔阳、金陵、汝州、安州、邠州、坊州、南阳、江夏、雁门关、太原、洛阳、嵩山、襄阳、任城、济南、睢阳、扬州等地，在一些地方反复往来，足迹踏遍大半个中国。

从二十五岁奔走到四十一岁，从人单影孤到生儿育女，从原配亡故到续弦，到分手再续，只为寻找一份工作。

大约十七年的时间里，李白一直行走在路上，他的人生风景也彰显在路上。

遗憾的是，尽管李白的足迹遍布许多州郡，可就是没有找到一份理想的工作，以至于他一度怀疑人生，仰天长叹：天地这么宽，为何难容我李太白？

这期间，李白第一次打卡永州，时间是开元十三年（725）秋天。

这一年的春天，李白同新结识的伙伴吴指南从三峡入巴东。孟春，到达荆门山，在那里待了一阵子。五月，经过荆州到达江陵，在江陵与当时著名的道士——正一派第四代传人司马承祯相遇。司马承祯能说会道，他夸李白"有仙风道骨，可与神游八极之表"。李白一听，心里就有点飘飘然了，于是写作了《大鹏遇希有鸟赋》用以自勉，从此对求仙方外的道家思想情有独钟。

而后，李白与吴指南来到鄂州江夏，游览了赤壁、黄鹤楼等名胜。

在江夏，李白想起少时常读司马相如赋，深慕赋中所言云梦大泽之盛，决定到那里一游。而吴指南忽然染病，但依然乐意作陪。

于是，他们坐船于酷夏时节来到洞庭湖，游览了君山。在君山，李白又想起舜帝和二妃的爱情故事，便提出继续溯流而上去游览九嶷山。

无奈的是，吴指南病情加重并突然病故。李白只好把朋友埋葬于洞庭湖畔，自己独自前往零陵九嶷山。

水路逆行，速度很慢。李白走走停停，到达九嶷山时已经是初秋。

在九嶷山盘桓数日，李白有感于舜帝与二妃悲惨的爱情故事，写了一首《远别离》：

远别离，古有皇英之二女，乃在洞庭之南，潇湘之浦。

海水直下万里深，谁人不言此离苦？

日惨惨兮云冥冥，猩猩啼烟兮鬼啸雨。

我纵言之将何补？

皇穹窃恐不照余之忠诚，雷凭凭兮欲吼怒。

尧舜当之亦禅禹。

君失臣兮龙为鱼，权归臣兮鼠变虎。

或云：尧幽囚，舜野死。

九疑联绵皆相似，重瞳孤坟竟何是？

帝子泣兮绿云间，随风波兮去无还。

恸哭兮远望，见苍梧之深山。

苍梧山崩湘水绝，竹上之泪乃可灭。

二妃和舜帝生离死别的故事，自古以来就是文人雅士经常歌咏的题材。李白不远千里寻觅到九嶷山，自然也要有所表达。但他跳出窠臼，将二妃与潇湘、九嶷联结起来，便是对传统的突破。

此诗被康熙《永州府志》收录，成为李白打卡永州的历史见证。

三

公元 742 年，唐玄宗改元为天宝。

这一年秋天，经过元丹丘和玉真公主的推荐，玄宗征召李白入京。

远在山东任城的李白接到诏令，立即启程，赶赴长安，唯恐那诏令如一只高翔的风筝，随时被大风刮走。

也就在这个时候，李白遭遇了一个危险的对手——高力士。

高幼年入宫，受到武则天的赏识。唐玄宗统治期间，其地位达到顶点。

李白与高力士，一个是落笔摇五岳、啸傲凌王侯，独领风骚的天才诗人，一个是权重四海的大将军、渤海郡公、内侍省首领。

他们像两道不同的气场，交织在唐明皇李隆基身边，周旋于沉香亭上和白莲池畔的轻歌曼舞、美酒香花中，自然会产生磕磕碰碰。

虽然李白仗着唐明皇的宠爱而暂时取胜，但后来却付出了巨大代价。唐明皇几次想提拔他，都被杨贵妃和高力士等人极力阻止。

某天，李白刚刚喝得有点醉意，就接到唐明皇的诏令，要他马上去皇宫为杨贵妃作诗。因李白衣着破烂，唐明皇见了哈哈一笑，下令赐李白衣物。李白佯装醉酒无法更换，便喊高力士为其脱靴。

高力士自视尊贵，哪里受过这等侮辱？无奈唐明皇正在兴头上，居然点头同意了李白的请求。高力士万般无奈，只好跪下替李白脱下鞋子。此后怀恨在心，导致李白被贬谪。

也就是说，李白在皇帝身边没有待多久，便被人进谗言而遭受冷落。

李白心想：冷落就冷落吧，我且沉醉于诗酒之中！

自由的翅膀一张开，便有了独特的人生风采。于是，民间就有了"李白斗酒诗百篇，长安市上酒家眠。天子呼来不上船，自称臣是酒中仙"的逸闻，李白成为当时的"网红"。

天宝三年（744）三月，四十四岁的李白自知不为朝廷所用，于是打报告给唐明皇，请求回家。唐明皇就打发了他一点金银，李白便离开长安，来到庐山住了下来。

哪知道到了天宝十四年（755），"安史之乱"爆发。消息传到避居庐山的李白耳中，令他十分震惊。

要知道，李白的胸中始终存在着退隐与济世两种矛盾的思想：他既羡慕道士的隐居生活，又放不下对国家命运的牵挂。

恰在此时，永王李璘出师东巡，慕名拜访。李白受宠若惊，欣然应邀入幕，便犯下人生之中最大的错误。

李白认为大唐的基业已经式微，藩镇割据的大好时机来了。因此，他力劝永王直取金陵，并在永王发动叛乱之后写下《永王东巡歌》十一首。

怎奈人算不如天算。唐玄宗逃难途中，发生马嵬坡兵变，太子李亨即位为唐肃宗。

朝廷不容叛乱，派兵围剿，永王不久即败北。作为从犯，李白也因之被捕，关进浔阳狱中。长剑从此被没收，人生开始陷入萎靡。

至德二年（757）冬，李白由浔阳前往流放之所——夜郎。因所判罪是长流，即将一去不返，李白心里涌起了"夜郎万里道，西上令人老"的忧伤。

四

乾元二年（759），气候异常。朝廷因关中遭遇大旱，宣布大赦，规定死者从流，流以下完全赦免。被流放将近两年的李白，终于获得了自由。

像一只飞出囚笼的鸟，卸下一身羁绊的李白高兴极了，他怀着喜悦的心情往回走。

一路上，他还是保持并发扬那种潇洒：访友，览胜。

这一年，因故人贾至适贬岳州司马，李白获悉，就前往探望。到了岳州，两人泛舟风光旖旎的洞庭湖，同赏大自然的优美景色。

游洞庭湖之后，李白随即便赴零陵。他的老友卢象，因曾受安禄山伪署而被贬为永州司户。两人多年不见，心中颇为牵挂。

李白抵达零陵时，正值天气由炎热转阴凉的八九月份。

到零陵境内，李白发现人们在议论一个名叫"怀素"的和尚。

怀素，怀素，怀素。

李白心想：一个和尚又有什么能耐，居然引起如此的关注？

大家说他的书法很神奇，以至于附近几个州郡的人都跑来向他求书法。自己对书法也很感兴趣，要不要全面接触和了解一下这个人呢？

李白找到好友卢象，表明了自己的意思。

卢象说：想见怀素和尚？这个容易，我来安排就是。

这是一个秋高气爽的日子，李白随卢象等人参加在一大户人家举行的聚会，终于见到了比自己小三十六岁的怀素。

大户人家的堂屋之中，并排摆放着数箱麻纸素绢，案桌上，著名的宣州石砚中，早已磨好了上等的黑墨，正散发着清香。

更奇怪的是，还没有到吃饭时间，现场居然有摆放停当的数坛好酒。清幽的酒香不断散发出来充溢在屋宇之中，差点让同时享有"诗仙""酒仙"两个荣誉的李白垂涎。

远近闻名的墨客、酒徒挤满了宽敞的华堂，准备一睹怀素酒狂之态，以及他尽情挥洒的场面。

忽然有人惊叫：他来了！

李白朝大门那边一看，但见一个二十出头的和尚大步而入，他个子虽然比常人矮一个头，但两眼炯炯有神。

和尚在众目睽睽之下来到华堂之上，将手中的锡杖放置妥当，仿佛目中无人，径直取酒，用人们平时吃饭的碗狂饮起来。

一碗，两碗，三碗，五碗，八碗，十碗……

一坛，两坛……

众人一边数数，一边惊呼：好酒量！好酒量！

哪知道那年轻和尚似乎经不起表扬，喝了两坛多一点就已不胜酒力。看见旁边有一张为他准备的小床，跟跟跄跄地走过去，倒下就睡，而且片刻就响起了鼾声。

李白见了，十分惊讶：这个和尚怎么如此狂妄，好似当年在长安街头狂饮的自己！只是，自己可以做到斗酒诗百篇，他现在能做到醉酒书千张吗？

李白满腹疑问地看着和尚，担心他会不会在此当众出丑。

不料原本正在睡觉的和尚忽然之间纵身跃起，抓起大笔，饱蘸浓墨，大喊一声，在纸上笔走龙飞起来。

其笔势威猛，似狂风骤雨，又似落花飞雪，大笔所过之处，茫茫一片……

转眼之间，但见遍地宣纸，墨迹淋漓，散发出阵阵墨香。

和尚似乎意犹未尽，又提笔转身走向洁白的墙壁，二话没说，落笔便写。伴随着身体的左右摆动，上下腾跃，笔墨的飞舞，迅疾骇人的线条早已经飞落在墙壁上……

李白大吃一惊：我行我素，无拘无束，这不就是当年的自己吗！

短短的接触，怀素的癫狂，怀素的草书，怀素的特立独行，引起了李白的强烈共鸣，也激发了他的创作欲望。

在怀素挥洒完毕之后，李白脑海里迅速构思出了一首诗歌。

他说：也让我来表现一下吧。于是，抓起毛笔，蘸了浓墨，写下了一篇浪漫主义的诗作——《草书歌行》：

> 少年上人号怀素，草书天下称独步。
>
> 墨池飞出北溟鱼，笔锋杀尽中山兔。
>
> 八月九月天气凉，酒徒词客满高堂。

笺麻素绢排数箱，宣州石砚墨色光。

吾师醉后倚绳床，须臾扫尽数千张。

飘风骤雨惊飒飒，落花飞雪何茫茫。

起来向壁不停手，一行数字大如斗。

恍恍如闻神鬼惊，时时只见龙蛇走。

左盘右蹙如惊电，状同楚汉相攻战。

湖南七郡凡几家，家家屏障书题遍。

王逸少、张伯英，古来几许浪得名。

张颠老死不足数，我师此义不师古。

古来万事贵天生，何必要公孙大娘浑脱舞！

按道理，怀素在成为草圣之前，应当十分珍惜诗仙李白为他写的这首诗，相当于软文广告。奇怪的是，怀素后来在自己写的《自叙帖》中，并没有提到李白。

这到底是怎么回事呢？

也许有人会说怀素忘恩负义，辜负了李白对他的一番情谊。

其实，在当时的背景下，怀素不得不做出在笔墨中回避李白的无奈选择。

须知李白曾参与反叛，是被唐朝官方流放夜郎的罪人。怀素为了自己安身不受歧视，当然也就不愿提起与他的交往。苏涣写过《怀素上人草书歌》，但后来因造反而被杀，在怀素的《自叙帖》中，同样没有提到他的名字。

在零陵待了几天，李白再次去九嶷山朝圣。他到了九嶷山，登高望远，追昔抚今，又写下一篇《悲清秋赋》：

登九疑兮望清川，见三湘之漭溔。水流寒以归海，云横秋而蔽天。余以鸟道计于故乡兮，不知去荆吴之几千。于时西阳半规，映岛欲没。澄湖练明，遥海上月。念佳期之浩荡，渺怀燕而望越。荷花落兮江色秋，风嫋嫋兮夜悠悠。临穷溟以有羡，思钓鳌于沧洲。无修竿以一举，抚洪波而增忧。归去来兮，人间不可以托些，吾将采药于蓬丘。

大约是被流放久了，李白心里十分厌烦俗世，因此于文章末句"人间不可以托些，吾将采药于蓬丘"中，流露出求仙访道、采药炼丹的思想。

三年后的代宗宝应元年（762）十一月，李白因病卒于当涂，留有绝笔《临路歌》一首。

10 元结

潇湘水石的千古知音
——元结永州打卡记

○ 洋中鱼

※ 打卡时间：唐代宗广德二年（764）至大历六年（771）

※ 打卡地点：道县、江华、零陵、双牌、宁远、祁阳

一

永州现下辖的道县，唐代为道州。中唐时期，几度引起朝廷的关注。

唐代宗宝应元年（762）的一天，刚登上皇帝宝座不久的李豫在大明宫含元殿与百官讨论一个下放人选：哪个适合出任道州刺史？

因为他接连接到潭州刺史的上奏，说那边的西原蛮猖獗，上个月攻陷了道州，粮食及牛马被掠，屋宅被焚，他代管道州鞭长莫及，希望朝廷派出一人到道州去专门治理。

代宗的话一落音，刚刚就任宰相的元载便站出来，举荐曾任荆南节度使参谋的元结，说他曾招募义兵抗击叛军史思明，保全了十五座城。哪知道资深宰相李辅国坚决反

对，理由是元结是一介书生，征服不了西原蛮，他举荐申泰芝去。

由于代宗这个皇帝是李辅国和程振远拥立的，再说，李辅国手里掌握着兵权，没有人敢触犯他。所以，在元载与李辅国争执时，李豫还是任用了李辅国推荐的申泰芝。

哪知道申泰芝在道州任上，对上行贿李辅国，奴颜婢膝；对下飞扬跋扈，欺压百姓；对外与西原蛮勾结，达成一伙，洗劫百姓，发国难财。最后被人举报，唐代宗眉头一皱，手一挥，申泰芝的脑袋就被砍了。由于西原蛮不断侵袭道州，一份份告急的奏折，通过快马传到朝廷，元载再次举荐元结。此时李辅国已经去世，唐代宗终于顺势选择了元结。

广德元年（763）晚秋的一天。一匹飞奔的快马，在樊水的古道上"嘚嘚嘚"地奔跑着，跑向郎亭山。跑到山下一座简陋的院落前，骑者跳下马，从怀里摸出一个卷轴，抖开来冲着屋里大呼："元结接旨！"

正在休假的元结接过圣旨，经过一番准备，在十二月从鄂州起程，赶往道州赴任。

南行的路上，元结心里一直留恋着郎亭山。想起在郎亭山下生活的

● 元次山集

日子，多么惬意。而今奉命去道州，不知饱受西原蛮侵袭的道州是否也有像郎亭山一样美丽的风景呢？

由于在路上会友，元结走走停停，一直到广德二年（764）五月才抵达任所道州，也就是正式打卡现今的永州市道县。

"州小经乱亡，遗人实困疲。大乡无十家，大族命单赢。朝餐是草根，暮食仍木皮。出言气欲绝，意速行步迟。"这是元大人到任道州之后首次民间调研时所见到的景象，也是道州留给他的第一印象。

一个原本有四万多户的中等州城，被西原蛮搞得如同废墟，所留下的居民不足四千户。百姓早上吃草根，晚上吃树皮，讲话有气无力，走路都艰难，这是何等凄惨！

人之初，性本善。元结出生在一个环境较好的家庭，自幼接受过良好的教育。走上社会之后，因为人情的磨练，社会的陶冶，他的胸襟越来越广阔，学识也越来越渊博。所以，当他看到道州的景象时，身为刺史的他，几乎流下了泪水。

他赶紧给代宗李豫写报告："耆老见臣，俯伏而泣；官吏见臣，已无菜色。城池井邑，但生荒草。登高极望，不见人烟……"这种景象，即便今日，也教人不忍直视。

天下同月，道州异色。月光洒照在道州城乡，在诗人元结眼中，居然没有任何诗意，只有淡淡的哀伤。心里装着百姓的诗人，比心里装着风月的诗人要伟大得多。

那些洗劫道州百姓的西原蛮究竟是怎样的一伙人呢？我该怎样降服他们？元结心里一直在思考。

"使臣将王命，岂不如贼焉？"身为臣子的元结，必须恪尽职守，保一方安宁。这是职业道德，也是王命使然。他耳边常有父亲的训导，如果不把工作做好，他就愧对元家列祖列宗。

刺史手下无弱兵。两军相遇，智者胜。元结决定布阵、埋伏，擒贼先擒王。

山谷里传来了将士冲锋陷阵的呐喊，奇兵迭出，官方居然以少胜多，擒住了西原蛮首领梁崇牵麾下的一员大将。

元结以此为筹码，开始与对方谈判。他知道，攻心为上，也知道不战而屈人之兵。当然，他更要考虑政治后果，做好各种预防。

每个人只有一次生命。没有人不珍惜自己的生命。战争的苦难，只有平民百姓感触最深。社会和谐，世界和平，是每个人心里最初的期盼。

饱读诗书的元结，自然不忍目睹生灵涂炭，他要想办法避免流血，避免战争，挽救黎庶，报效国家。

派人假降，身先士卒，孤胆深入，里应外合。这是文人出身的元结所使用的招数。他的手下开始十分担心，最后的结果让他们不得不佩服。

仁者无敌。以民生为本的军队战斗力是很强大的，就算以少战多，也能战胜对手。

贼兵被赶走了，再也不来犯道州，因为道州这个刺史让他们感到敬佩和敬畏。

征衣战马，驰骋山川。元结心中的浩然正气，如同巍巍都庞岭，挡住了贼兵的入侵。

寒光照在他的铁衣上，散发出一种刚毅之气。这是男人应有的气概，也是男人的一种本质。

一手握剑，指挥战斗；一手握笔，书写时代。

甫抵道州的这一年，元结以诗歌记录历史，告知未来。一首《春陵行》，铸就了道州文学史上最早的诗歌篇章，外加一首《贼退示官吏》，如同两道清溪，给了道州人最好的精神给养。

此外，他还给代宗写信，请求减免道州税赋，获得批准。在任期间，元结为民营舍、给田、免徭役，颇得人心。经过精心治理，道州社会秩序逐渐得以恢复，经济也慢慢复原。

二

为了了解民间疾苦，元结经常深入下辖的县乡进行巡察。在巡察和到衡州、潭州商议政事的过程中，他发现了道州和永州的水石之美。

元结对奇异山水情有独钟，每到一处游览，就要写铭记，而且写了之后，又要刻石，使之成为景观。现今永州境内的大多数石刻群（景点景区）都与他有某种内在联系，所以，他堪称潇湘水石的知音，而潇湘水石也让他如痴似醉。

元结探寻永州山水和文化遗存的第一站是延唐县（今宁远县）的九嶷山无为洞，时间是永泰元年（765）春季。他在这里一座新建的道观里住了一晚，游了附近的一个岩洞，还有一座山峰，他

● 浯溪石刻（洋中鱼 摄影）

不仅为新建的道观和附近的岩洞命名"无为"，还写下《登九疑第二峰》《无为洞口作》《宿无为观》三首诗，并在洞内留下"无为洞"篆书题刻。

　　一切貌似顺利，一切貌似平安。

　　可是，谁也没有想到，就在元结雄心勃勃治理道州时，却被人告状，免去刺史职务，回到设在潭州的湖南观察使理所闲居近一年。

　　唐永泰二年（766）三月，奉命再次出任道州刺史的元结，从潭州坐船赴任道州，这是他第三次途经浯溪。在船上，他发现这里风景不错，想到前两次都是匆匆忙忙经过，未及造访，于是停船上岸，攀上江边这座石山，看见从山脚下流过的那条山溪，清清浅浅、汩汩流淌的样子，再看看面对湘江波涛的那一片宽阔的悬崖陡壁，以及连绵的山体，不禁心花怒放，心底竟忽然萌生出一个念头：将来退休之后要来这里结庐而居，沿溪种花，临水钓鱼，以追念陶渊明。特别是当他看见那条溪水时，喜悦之情流溢于表，派随从去打听，居然没有人知道它的名字。元结心想：既然没有名字，这应该是上天赐予我的了，那我就干脆把它叫作"浯溪"吧。"浯溪"，就是"吾之溪"，我的溪。元结还兴致勃勃地为它写了一篇《浯溪铭》。第二年，他又写了《峿台铭》《㾗亭铭》，与前者合称"三铭"，并请当时有名的书法家季康、瞿令问、袁滋分别用玉箸、悬针、钟鼎三种风格各异的篆体书写出来，刻在了三处摩崖上，成为"浯溪碑林"的开山之作。

● 浯溪形胜满湘中（刘宝国 作）

再次上任，继续巡察。元结至江华，见岩洞幽奇，景色怪异，便写下一篇《阳华岩铭》，江华县令瞿令问见了，说大人这么好的铭文，应当刻在这石头上，以示后人。元结听了之后，表示同意，但在铭的前面加了一段序言，使之变成《阳华岩铭有序》。瞿令问便亲自书写，并雇人来摩崖，将铭文刻在了阳华岩的石壁上。时至今日，它是阳华岩石刻中年代最久远、字体最丰富、历史文化价值最高的一方。

江华县城附近有一座山势险峻、岩石千姿、树木郁苍的山，山下溪流潺潺，游鱼可鉴。元结在江华县令瞿令问等人的陪同下，攀登至此。进入山上的亭子的刹那间，元结感到一身凉爽，不禁感叹"大暑登之疑天时将寒，炎蒸之地而清凉可安"，诗人兴趣

一来，不仅为亭命名"寒亭"，还作《寒亭记》摹刻于石上。元结的诗文，仿佛给寒亭涂上了一层金粉，使之远近驰名。

这年初冬，他奉命去潭州的湖南观察使理所商量军政大事，坐船途经永州。因为在船头的偶然一瞥，感觉城外潇水西岸一带的石头十分怪异，于是停船上岸，带着随从探寻，便发现一处岩洞。永州刺史独孤愐得知他发现胜景之后，就赶来为他剪茅开辟，窦必为他创制茅阁。这里的风景，令元结十分喜爱，他将岩洞命名为朝阳岩，为此写下《朝阳岩铭》。写完之后，元结意犹未尽，又写了一首《朝阳岩诗》，委托人刻在岩石上，不经意间，就成了朝阳岩的开辟者。

唐大历二年（767）春，元结从潭州返回道州，途经泷泊（今双牌），恰逢春水大发，船行困难。为了鼓励人们逆水行舟、迎难而上，他即兴作诗《欸乃曲五首》，让船夫们一边唱一边拉纤撑船。这组诗得到后人的高度评价，宋顾乐《唐人万首绝句选》评：轻轻浅浅，悠然在目，味正在逼真。钟惺、谭元春《唐诗归》中钟云：此境非目击不信（"上泷船似"句下）。又云：语带嘲笑，妙甚可思。

回到任所，元结忽然想到刺史一般是三两年一换，自己不可能在道州待一辈子。如果自己离任后，继任者会不会变成第二个申泰芝呢？

为了让百姓了解自己的心情，也为了让后来者专守法令造福于民，他挥笔在府衙的厅壁上写下了一篇文章：

天下太平，方千里之内，生植齿类，刺史能存亡休戚
之。天下兵兴，方千里之内，能保黎庶，能攘患难，在
刺史耳。凡刺史若无文武才略，若不清廉肃下，若不明
惠公直，则一州生类皆受其害……

这篇名为《道州刺史厅壁记》的文章，旗帜鲜明，言辞犀利，是一篇难得的官场训诫，也是一篇难得的文学佳作。它像一颗炸弹，震动了当时的政坛，也震动了当时的文坛，并对后世产生了深远的影响。

风景在路上。有了发现的经验，元结就像一个伯乐，到处在寻找自然山水的"良马"，他要用诗文赋予这些马匹以灵魂，让它们在中国历史文化的长轴上潇洒驰骋。

同一年，道州一块似龙、似虎、似雁、似龟，又似船的石头，居然给元结带来了灵感，一篇精致的短文《五如石铭》横空面世，还把它刻在石上。道州城西那条养在深闺人未识的小溪，汩汩流淌了成千上万年，有幸遇上元结，一篇《右溪记》加上石刻，使它名垂千古。就算石毁溪灭，也在人们的心底印上了一幅秀美的画卷。

大历三年（768）四月，元结被授容州刺史，治梧州。他赴任仅一年，因为母亲去世，他辞职守丧，把全家迁到祁阳浯溪。

大历六年（771），元结继续守母丧隐居浯溪，好友颜真卿从江西抚州刺史卸任北归，特意绕道来看他。元、颜两人都是平定"安史之乱"的中兴功臣，又是志同道合的好朋友，分别多年，此刻

相见，彼此十分高兴。元结看见江边石壁，忽然萌生一个念头，就请颜真卿将自己十年前的旧作《大唐中兴颂》书写出来，请人刻于崖壁之上。这方石刻因元结的文、颜真卿的字、浯溪摩崖之石都很绝妙，世称"摩崖三绝"。它制造出一个巨大的文化磁场，吸引后来的历代书家和文人来永州打卡，也使永州成为千年打卡胜地。

大历七年（772）正月，元结守丧完毕，回到京师长安，朝廷正要对他重新任命，不料他突然生病。四月，便撒手人寰。

元结自763年十二月启程来永州，至772年正月启程回长安，除了闲居潭州和赴任容州各一年，其间在永州八年，前后则跨越十年。

永州人都要感谢元结，感谢他对永州水石的厚爱，感谢他对潇湘文化的开掘。

11 怀素

《小草千字文》成绝响
——怀素永州打卡记

○ 张京华　洋中鱼

※ 打卡时间：唐大历三年（768）、贞元十五年（799）

※ 打卡地点：书堂寺、绿天庵

一

怀素是永州本土人氏。尽管他在《自叙帖》中称"怀素家长沙"，在《食鱼帖》中称"老僧在长沙食鱼"，按常人的理解，其籍贯应该是长沙无疑了。

但事实上并非如此。请看他的《藏真帖》表述："怀素，字藏真，生于零陵。晚游中州，所恨不与张颠长史相识。近于洛下，偶逢颜尚书真卿，自云颇传长史笔法，闻斯法，若有所得也。"这是怀素自叙生平经历的极其珍贵的文献资料之一。

再看地方志，明代隆庆《永州府志》载："怀素零陵僧……居城东二里，今有墨池笔冢在焉。"姜承基《永州府志》载："怀素，字藏真，零陵钱氏子。"武占熊《零陵县志》

说他："贫无纸，尝于故里种芭蕉万余株，以供挥洒，名其庵曰绿天。"这些记载，都说明怀素是零陵人，理当不误。

在现今的冷水滩区蔡市镇书堂寺出家为僧，在零陵区的绿天庵苦练成名。

乾元初年（758），卢象被贬永州，与怀素相识。卢象称怀素的书法"初疑轻烟淡古松，又似山开万仞峰"。两人相交，常来常往。

乾元二年（759）秋，卢象的好友李白在被贬途中遇赦，游了洞庭之后游九嶷，途经永州（当时零陵郡已改名永州府）。卢象为李、怀两人引介，三人相聚，欣喜无限，邀了当地一些朋友畅饮。筵席上，大家谈天论地，意气风发。半醉半醒之间，怀素离席往绳床上一躺，闭目思索。忽然，他一跃而起，抓起笔饱蘸浓墨，在事先准备好的纸上开始书写李白的诗，但见他笔势威猛，似狂风暴雨，又似大雪纷飞，茫茫一片。转眼间，千余张宣纸被他一"扫"而光。

怀素的表现，卢象和本地人早已熟悉，而初来乍到的李白，却看得目瞪口呆。他的眼睛发绿，好像缀满了绿天庵的芭蕉叶。他感觉到自己像初到长安见到天子一样惊喜：这世界上居然有这样的和尚！于是，接连赞扬，并即席作了一首《草书歌行》："少年上人号怀素，草书天下称独步……八月九月天气凉，酒徒词客满高堂……吾师醉后倚绳床，须臾扫尽数千张。飘风骤雨惊飒飒，落花飞雪何茫茫……"

● 怀素《孝女曹娥碑》题名

得到李白的赞许，并跟李白进行了一番交流之后，怀素决定离乡云游。

怀素首先北上衡州（衡阳），在衡州结识了朱遥。之后，怀素来到了潭州（长沙），一住就是几年。其间，他广交朋友，嗜酒如命，常常一日九醉。几杯酒入场，兴致勃发，笔蘸浓墨，伸展猿臂，顷刻之间，人家的屏风上墙壁上就被狂放的草书占据。

有一次，怀素在一个朋友那里喝酒品茗，感觉很好。第二天早上，他的嘴边似乎还留有昨日的酒香和茶香，于是挥毫写了一张字条叫人带过去，内容是："苦笋及茗异常佳，乃可径来。怀素上。"朋友见了，觉得怀素很有趣，于是打发人给怀素送去茶酒，并将字条保存下来。后人因为字帖中有"苦笋"字样，就把它命名为《苦笋帖》。

大历初年（766），张谓任潭州刺史。此人是怀素艺术人生的领路人，对怀素的影响最大。张谓到长沙上任，听说这里住着一位大书法家，遂登门拜访，并与怀素结为知交。张谓十分欣赏怀素的草书和他那无拘无束毫不掩饰的个性。两人出则同车，居则同处，在长沙街巷成为美谈。

后来，张谓奉诏回京，怀素随行，来到了当时世界上最大的城市——长安，开始了他新的漂泊生涯。由于怀素当时已初露锋芒，颇有名气，加上张谓的推介，他在长安结交了一大批社会名流，包括陆羽、杜甫、钱起、任华、戴叔伦等人。这些人都为怀素的书法所叹服，纷纷吟诗赞他。

钱起与怀素同宗，论辈分跟怀素还是叔侄，因此他赞道："释子吾家宝，神清慧有余。能翻梵王字，妙尽伯英书。远鹤无前侣，孤云寄太虚。狂来轻世界，醉里得真如……"

有一次，一群文人雅士聚会，邀请了杜甫和怀素。席间，一位叫裴说的诗人，想起刚刚故去的李白，与在座的杜甫、怀素都是至交，他们的艺术成就同样令人景仰，于是写了一首《怀素台歌》，在他的想象中，李杜与怀素三人可以"同框"："杜甫李白与怀素，文星酒星草书星。"那次，他们着重讨论了杜甫的诗歌《秋兴八首》，怀素回去之后，便反复书写了杜甫这八首诗，以至于现在我们还能看到怀素书写的杜甫《秋兴八首》。

二

故乡是每个游子心中的根。落叶归根是中华传统文化的重要组成部分。

随着环境的变化，尤其是一些至交文化名流的相继谢世，曾经云游江浙，后来回到长安的怀素，心里是十分孤独的，他经常惦念起自己的家乡零陵（永州）。其间，他曾两次回零陵（永州）打卡。

第一次打卡时间：唐大历三年（768）。

有三条证据：

北宋沈辽在永州甚久，诗文收入他的《云巢编》，卷二有一首《书堂寺》诗写道：

嵇公　五言

贈飲客
重後
次韻酬陳生求書
贈廣祐上人
奉送馬令歸長沙
寄贈譚氏霜亭
仙居閣
望浯臺示無競
送唐道士遊南岳
太平上方
贈張明之
唔下茅
朱越二使者示問
零陵觀大水
謝霞道天麻
奉蘭翠巢
次韻博古贈王道人
戲贈莘明之（華里與陳明之姓張）
平生
秦觀王道人
宿浯溪
將行泊瀟江
禪頰亭
謝蔚宗木綿
石鷺坡
靜照庵
峽山寺
白水
題文殊寒寺（芭蕉已公卓錫處）
霽後
南臺禪師云得蔚宗書報老夫入山

水車
黄葉渡頭春水生江中水車上下鳴誰道田間得挽
事不如抱甕可忘情
召楚典禪師
匡床我示維摩持鉢師來舍衞城與汝欲分養稻
飯不妨作戲說浮生
春日二絕

　　苍山古木书堂寺，北下湘川百余步。谁云往来倾世界，至今人道安禅处。岂无惊蛇与飞鸟，后来那复知其趣。我身不知今是不，空记名称你常住。

　　宋代有人编辑《沈氏三先生文集》，浙江省立图书馆藏有明覆宋的刊本，目录上"书堂寺"三个字下面有一行小字标注，是"藏贞故楼也"。故楼意为旧居，藏贞就是怀素。

　　乾隆三十年（1765），越南使臣阮辉莹出使燕京，携带着一幅全长36米的彩色手绘旅行图《燕轺日程》。途经湘水，在永州府的背面画了一座五级浮屠，旁边标注的文字是"唐僧怀素塔"。阮辉莹至今还有诗句刻在浯溪碑林。

　　2020年12月初，辽宁省博物馆开展"唐宋八大家主题文物展"，展品中的第一件赫然便是传为王羲之的小楷绢本手卷《孝女曹娥

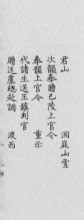

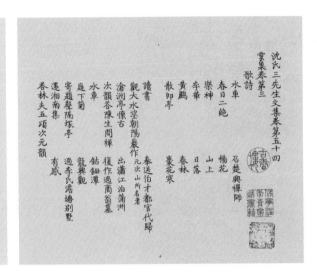

《沈氏三先生文集》目录

碑》，字缝中有怀素的一行亲笔狂草题名，"有唐大历三年秋九月望沙门怀素藏真题"。

《孝女曹娥碑》手卷上共有7段唐人题跋，全都源出永州。前来观看手卷的唐人大多和永州有关，表明这件辽宁省博物馆的镇馆之宝在唐代应当是由永州的某位收藏家所珍藏。

以上可以证明，唐代大历三年九月，怀素在永州打卡。

第二次打卡时间：贞元十五年（799）。

有一条证据：《小草千字文》落款为：贞元十五年六月十七日于零陵书，时六十有三。

这是怀素最后一次回乡。

在回零陵之前，他还曾去东都洛阳拜访"楷圣"颜真卿。那是大历七年（772）九月，颜真卿告假至洛阳迁移母亲殷夫人灵柩，

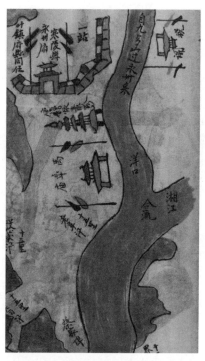

● 越南使臣阮辉莹出使燕京携带一幅全长36米的彩色手绘旅行图《燕轺日程》（局部）

十一月护柩至京兆万年先祖茔。颜真卿在洛阳待了近三个月，怀素也留下近三个月。

两人谈论书法时，颜真卿问怀素："你觉得屋子的漏痕怎么样？"怀素顿时明白：雨水随着漏屋的墙壁蜿蜒而下，由于墙是泥质，雨水被泥吸收与牵制不能迅速下行，形成凝重曲折之美。在谈及自己的体会时，怀素说："贫僧观察夏天的云彩，发现它们随风变化没有定势，有时相拥相叠，出现许多奇特的峰峦，忽一下子，峰峦裂开一道道隙缝，如一条条曲折蜿蜒山径，时隐时现，若有若无。我想草书的变化也莫过于此，就像飞鸟出林，惊蛇入草。笔画间的牵丝，就像墙壁上的自然裂缝，没有丝毫人工雕琢的痕迹。"颜真卿听后大发感慨："这样高妙的理论，我还从未听到过啊！"怀素见机而作，他在离开长安时就把诗人们赠送给自己的诗歌收集成册，此刻正好拿出来请颜真卿为他作序。颜真卿真心欣赏怀素，他读了诗集之后，真的为怀素写了《怀素上人草书歌序》。颜真卿在文中称赞道："开士怀素，僧中之英。气概通疏，性灵豁畅。精心草圣……其名大著。"

十二年后的兴元元年（784），颜真卿被派遣前往劝谕叛将李希烈，凛然拒贼，终被缢杀。颜真卿去世后，怀素老泪纵横，在后来的《藏真帖》中，从"颜尚书真卿"起，笔势牵引畅达，若行云流水，特别是"颜尚书"三字最抢眼，表达出自己对颜真卿的感恩与敬意。

踏上归途的怀素，此刻褪去了人生灿烂的光环。也许，他告别颜真卿之后，回来的每一个脚步就是每一页孤独。最主要的是，此刻的怀素已经染病在身。由于他没有亲人，离乡的时间又太长，与故乡不少人（尤其是政界人士）已经陌生，加上他性格高傲，染疴之后不愿打扰他人，所以他隐姓埋名找了一偏僻之所住下。贞元十五年（799）六月，怀素在零陵书写完《小草千字文》之后，就音讯全无了。估计没过多久，他就抑郁而终。

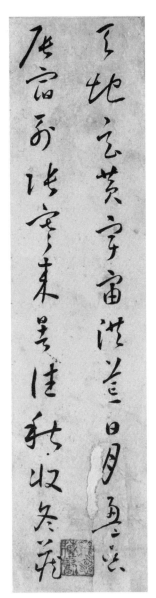

● 怀素《小草千字文》

而怀素所书的《小草千字文》，极为精妙，字字独立，至少有三大特点：一是"瘦"，二是"劲"，三是"灵动"。用笔瘦劲有力，一气呵成中不离法度，笔画干净利落，通幅神采飞扬，既有《自叙帖》的劲爽之势，又有线条坚实而沉稳的质感，渊穆典雅意态万千，每一个字都可以作为小草的经典范字。这件作品有着"天下第一小草"的美誉，是怀素晚年最珍贵、最具代表性的得意作品，也是怀素唯一传世的小草真迹，是他的笔墨绝响。

历代对怀素推崇备至的不乏宋徽宗、黄庭坚、鲜于枢、赵孟頫、祝枝山和董其昌等人。黄庭坚曾赞誉怀素说"藏真妙于瘦"，反映出怀素晚年的书法仍然具有"瘦劲飘逸"的基本特征。

怀素的草书因缘与潇湘文化关系密切，更重要的是，透过"草圣"怀素的追求，不仅能看到怀素的个人品格，还透视出了纸张背后泱泱大国的精神状态，文学家称之为"盛唐气象"。所以，在怀素背后的是唐代文学的大国气度。

时候对了，群体都是英雄。

唐代的永州是天下名流的打卡胜地。先是元结元次山来了，然后颜真卿、袁滋、李庾、瞿令问来了。同时楷书四大家之一的柳公权也出来打卡，传世便有柳体小楷《九疑山赋》。

怀素站出来打卡，于是张旭、邬彤、李白、杜甫、苏涣、任华、戴叔伦、裴说、贯休，以及陆羽，纷纷交集。

然后柳宗元来了，与刘禹锡、韩愈都有交集。

唐代的永州就这样差不多分去了盛唐气象的半数风光！

12 柳宗元

○ 洋中鱼

一千二百年前他为永州代言
——柳宗元永州打卡记

※ 打卡时间：唐永贞元年（805）至元和十年（815）

※ 打卡地点：永州古城及近郊

一

他出生于名门望族，堂高伯祖曾为宰相，曾祖父和祖父都做过县令，父亲曾任侍御史等职。母亲祖上也是世代为官。

他是一个青年才俊，二十一岁时就进士及第，二十四岁任秘书省校书郎，二十六岁参加了博学宏词科考试，并中榜，授集贤殿书院正字，官阶从九品上。

他是一颗政坛新星，二十九岁时调任蓝田尉，官阶正六品；三十一岁那年被调回长安，任监察御史里行；三十二岁那年，参与锐意革新的王氏集团，成为骨干力量；三十三岁时，王氏集团推行"永贞革新"，提出削弱藩镇、打击宦官、改善民生的革新主张。而他当时担任礼部员外郎，被安排专门为皇帝起草革新诏书。

遗憾的是，他们的改革触犯了宦官集团和藩镇的利益，更主要的是，他们革新集团的牵头人为了继续实施自己的主张，想另立太子。

这是一个原则性的错误，更是一个致命的错误。

不料，宦官们抢先一步，先是拥护太子监国，跟着拥护太子即位，他们革新派的结果自然可想而知。

于是，新皇帝在登基第三天，就开始对革新集团人员加以贬黜。他和另外七个主要成员均被贬为远州刺史。其中，他为邵州刺史，春风得意的礼部员外郎也只做了一百五十多天，可谓昙花一现。

这还不算，更糟糕的是，就在他们赴任的途中，宦官与藩镇朝议时都说处罚太轻。皇帝想了一下，于是下旨，将八个赴任途中的刺史，全部加贬为司马。他也就由邵州刺史改任永州司马。这就是历史上著名的"八司马事件"。

他，姓柳名宗元，字子厚，唐代文学家、哲学家，世称"柳河

● 柳宗元塑像

东""河东先生",因官终柳州刺史,又称"柳柳州"。由于在文学史上的地位很高,被后人列为"唐宋八大家"之一。

按照当时规定,被贬谪的官员必须在规定的时间启程和到达贬所。柳宗元只好带着年近七旬的母亲,以及表弟卢遵和堂弟柳宗直,心情沮丧地前往遥远的南方。

哀猿挟浪急,寒雨裹风绵。

经过几十天的跋涉,一脚踏上这块陌生的土地,柳宗元便正式打卡永州,从此与永州结下不解之缘,在此滞留时间长达十年,成为千年永州最重要的一位打卡人。

二

柳宗元永州职务全衔是司马员外置同正员,司马是管理军务的官,员外即编制外,置同正员即相同于正职待遇。事实上,这是一个只领薪水不干活的闲职。虽然闲,但也不很自由,他的言行时刻受到约束。

因为是贬谪而来,官府不会给他安排住宿,加上带着家眷,不可能长期住旅馆,便借住到永州城内的龙兴寺。

龙兴寺是三国时期蜀相蒋琬的故宅,吴军司马吕蒙也曾住过。该寺的住持重巽除了熟悉经书,同时有很高的文学修养,他不但接纳了柳宗元一家人,后来还与柳宗元成为好友。

柳宗元寄住龙兴寺不到半年,母亲因舟车劳顿、水土不服,病体不支而永离人世。永州的官员根本瞧不起他,他的一切行踪受到监视。精神和肉体上的双重折磨，导致本当年富力强的柳宗元百病侵身，他脾脏肿大饮食难进，而且双脚行走不便。

元和元年（806）三月八日，柳宗元与司户参军柴察、进士卢宏礼、堂弟宗直陪同永州刺史冯叙到华严岩游玩，柳宗直按照大家的要求在岩石上留下了题刻。

元和二年（807）冬季某日，永州大雪。其时，柳宗元表弟卢遵护送母亲卢氏灵柩回老家未归。这天，柳宗元与堂弟宗直出去赏雪。走到江边，一条在江心的渔船吸引了柳宗元。他见那个渔翁不怕寒冷居然在风雪中专注垂钓，以两岸白雪作衬托，对身外人事不闻不问，简直如僧禅定。整个场景如诗如画！

灵感突然而至，他立即转身回到住处，挥毫写下一首五绝诗：

千山鸟飞绝，万径人踪灭。孤舟蓑笠翁，独钓寒江雪。

这首诗虽然只有短短20字，却勾勒出一幅意境开阔、凛冽透骨的寒江独钓图，渲染了一种萧索荒寂的气氛，给人留下了无限的想象空间，因此流传千古。

原以为就是自己孤独，没想到孤独无处不在。

在游览元结发现的朝阳岩时，柳宗元也遇到了一个渔翁，写了一首《渔翁》诗：

渔翁夜傍西岩宿，晓汲清湘燃楚竹。烟销日出不见人，欸乃一声山水绿。回看天际下中流，岩上无心云相逐。

柳宗元从自己见到的渔翁，联想到屈原所遇的渔翁，决定以

● 柳宗元《江雪》诗意图

渔翁高洁的精神来自励，准备熬过两三年人生最苦的阶段。

三

但是，形势并没有往他期待的方向发展，反而越来越糟糕。

首先是他寄住的龙兴寺，不仅有一团古怪的息壤，而且五年之内连续四次失火；其次是元和四年（809），朝廷册立太子，大赦天下，唯独他们"八司马"不在量移之列；再次是，到永州的第五年即元和五年（810）四月，爱女和娘不幸夭折……

生命中太多的无法承受之重，使柳宗元对世俗生活彻底绝望了。原以为自己只是永州的匆匆过客，现在看来要有扎根做本地百姓的长久打算了。

平静而清澈的江水，如同一面镜子，似乎可以照见昔日在京城的春风得意，但残酷的现实像一块石子，投入水中，击碎了镜子，并且在他的心湖泛起一阵阵涟漪……

和娘死后，柳宗元下决心搬出龙兴寺那块不祥之地。

还记得元和四年九月二十八日去东山之巅的法华寺玩耍，他在法华寺西亭观望时所发现的潇水对岸的西山和山下那条名叫冉溪的蜿蜒小溪。之后，又相继发现钴鉧潭及其西小丘、小石潭等佳山胜水。经过几次游览，他最终在钴鉧潭以西、冉溪的南畔捡了一个便宜，用四百文买下了一块面积不到一亩的小丘。

这块小丘看起来十分荒凉，甚至令柳宗元联想到自己的命运。所喜的是，小丘经过柳宗元和陪同前来的好友李深源、元克己以及仆人的整理，居然佳木挺立、美竹暴露、奇石凸现，而且依山傍水风景宜人。

从发现西山，到发现小石潭，都是在同一年很短的时间内，他为此写了四篇游记，记录当时的所见所闻和所思。

当然，柳宗元没有忘记在小丘上规划建设一个草庐山庄。但是，建好之后，他只是偶尔渡江去那里玩耍，并没做定居的打算。

而今，柳宗元为母守孝三年时间已满，女儿新殇，孤苦且寂寞的他需要传宗接代，虽然永州的富贵人家不愿意将女儿嫁给他，但是他相信永州终有爱他之人。

为了避免尴尬，元和五年，他搬离了已经借住五年的龙兴寺，移居到冉溪之滨的草堂。

住下来之后，他回想自己十多年的宦海沉浮，觉得功名如梦，利禄似烟，角逐期间真是愚不可及！出于象征和反讽，他把冉溪改名为愚溪。同时觉得以溪为愚还不够，索性把屋旁的小丘、丘下的泉水、引泉而来的沟渠、蓄积泉水的池和池中小岛都冠名为愚，再在池的东面建愚堂，南面立愚亭。这样一来，溪、丘、泉、沟、池、堂、亭、岛皆为愚，谓之"八愚"，作诗记之，并刻《八愚诗》于石上。

以史为鉴，可知兴替；以水为镜，可鉴人生。

柳宗元的文学创作和思想轨迹，从移居愚溪之滨开始发生转变，他在中国思想史和文学史上的地位由此开始奠定。

四

从元和五年移居愚溪开始，柳宗元调整了自己的价值取向，不再奢望回朝廷做大官，而是把笔触伸向了社会底层的平民百姓。

有一次，柳宗元到郊外走访，遇见一个姓蒋的捕蛇者，听他讲述了自己捕蛇的经历之后，柳宗元写了一篇《捕蛇者说》，这是他第一次为永州苦难的百姓代言。这篇文章后来被选入中学教材。"永州之野产异蛇"好像当今网络论坛的一个标题，一下子就吸引了全国人民的目光，害得唐宪宗头疼不已。为了处理好这样的舆情，避免复发，唐宪宗加大了改革力度，注重倾听民间呼声，极力为老百姓办实事，因此成为一代明君。

住在愚溪，与愚溪融为一体，柳宗元的心里更加轻松，思想更加澄清。想起以前住在城内的龙兴寺，足迹仅限于东山一带的龙兴寺、东丘、法华寺、法华寺石门精室、南池、三亭、万石亭等地，随着时间的推移，州府对他的监管比以前放宽了许多，他的足迹也就开始向潇水两岸及永州郊外延伸。

元和七年（812），他经常留恋朝阳岩及其上游一带，因而先后发现了袁家渴、石渠、石涧和小石城山，照例为每一处景观写了一篇游记，构思精密，精雕细刻出一种幽深之美。他把这四篇与前面四篇合成《永州八记》，这八篇游记相互关联、似断还续，犹如画家笔下的八幅山水画屏，让人读了如痴似醉。

第二年五月，他又到七十里外的黄溪游玩，写了一篇《游黄溪记》。连同前面八篇游记，所描写的大多是眼前小景，但他总是以小见大，借景抒情，犹如沙里淘金，提炼出一件件价值连城的艺术精品，堪称中国古代山水游记的典范。

这次他仿佛成了永州的旅游形象大使，再度为永州代言，而且十分成功！时至今日，来自全国各地乃至海外的游客，大多跟着他的足迹游永州，以寻访《永州八记》遗址为乐。

除了山水游记和诗歌，柳宗元在永州期间还写了大量寓言，既寓个人的理想、愿望于故事之中（《牛赋》），又对当时社会不良的人情风尚进行讽刺和批判（《三戒》），还比较隐晦地抨击了一些官员的丑恶嘴脸（《憎王孙文》《骂尸虫文》《谪龙说》等）。

五

水能养性，也能滋润灵魂。

谪居永州期间，柳宗元研读了大量的古籍，写出了大量彰显自己政治思想和民本思想的文章，不仅在文学创作上有了新的提高和丰收，其政治思想也逐渐丰盈。

他写于永贞元年（805）至元和三年（808）的《贞符》，批驳了董仲舒等人"推古瑞物以配受命"的说法，用"受命不于天，于其人；休符不于祥，于其仁"的朴素唯物主义观点代替了唯心主义的"天人感应"论，认为帝王真正的受命之符是仁德，是生人之意，而不是天命。他从人类社会的萌芽、发展、治理，到尧舜大公之道的建立，肯定历史上有"非德不树"的传统。

他写于元和三四年间的《非国语》，在朋友圈产生了很大反响。

为此，他于元和四年（809）分别致书给被贬在道州的好友吕温和元和三年贬来永州的吴武陵论答《非国语》。他在信中反复提及"大中"之道，斥"天命论"和"天人感应"说。他很不客气地批《国语》里神怪迷信，指出乱政害民，反对"任人唯亲"的做法，主张任人唯贤，等等。

● 元和元年三月八日 永州刺史冯叙、员外司马柳宗元等人华严岩题刻

他写于元和九年（814）的《封建论》，既否定封建制，又肯定秦始皇全面推行的郡县制，他说"公天下之端自秦始"，认为秦王朝"失在于政，不在于制"，"时则有叛人，而无叛吏"，"咎在人怨，非郡邑之制失也"。他的观点得到后人的高度称赞。苏轼说"柳宗元之论，当为万世法也"。清代林纾将《封建论》誉为"古今至文"。伟人毛泽东在读了《封建论》之后，写诗赞道："熟读唐人《封建论》，莫从子厚返文王。"

柳宗元在被贬永期间，结识了零陵县代理县令薛存义，对他任职仅两年的政绩评价颇高。为他送行时，柳宗元讲了一番"盖民之役，非以役民而已也"，"受若值，怠若事，又盗若货器，则必甚怒而黜罚之矣"的话，表达了自己"官为民役"的思想观点。

这与古人倡导的"君为民之本，民为君之臣"观点背道而驰，可谓石破天惊。柳宗元的这个思想观点，已从"为民做主"上升到"人民做主"的理论范畴。

宋人汪藻称："至今言先生者必曰零陵，言零陵者必曰先生……零陵徒以先生之故，遂名闻天下。"

柳宗元永州打卡十年，已经与永州融为一体。《柳宗元全集》共收集诗歌、文章600多篇。其中，在永州写就的占了五分之三。

如果没有贬谪来永州，柳宗元继续在长安做官，那么，中国历史上只会多了一个庸吏，而少了一个伟大的思想家和文学家。谪居永州之后，永州以山水成全了他，他也以诗文成全了永州。

柳宗元在一千二百多年前就为永州代言，永州百姓也对他充满敬仰与怀念。

13 欧阳观、欧阳晔、欧阳修

欧阳家族的永州情缘

——欧阳观、欧阳晔、欧阳修永州打卡记

○ 敖炼　洋中鱼

※ 打卡时间：宋咸平年间（998—1003）；宋天圣年间（1023—1032）

※ 打卡地点：道县、零陵

一

永州，原名零陵，雅称潇湘，是山清水秀的土地，也是一块文化厚积的土地。在她几千年的历史中，曾有好几对名人父子对她充满眷恋，他们或亲临这里，或以诗文赞美，为永州的文脉注入了造血分子，让人们在千百年后，还能感觉到他们文采的脉搏，触摸到他们对古城的馈赠。

大宋共历十八帝，享国三百一十九年，宋朝崇尚文治，复兴儒学，因此在科技和文艺方面的发展不输前朝。在整个宋朝，赴任永州或谪居永州、途经并游览永州的家族成员有很多，而欧阳家族堪称特例。

欧阳观（952—1010），字仲宾，吉州吉水（今属江西）人。宋咸平三年（1000）

进士，他中进士时已经49岁了，考场都快被他踩烂了。好在皇天不负有心人，毕竟考上了。

欧阳观的第一份职业是宋咸平年间（998—1003）被授道州（今湖南道县）通判，他带着喜悦的心情，带着家眷，不远千里来赴任，正式打卡永州。

到了道州，欧阳观心想：本人功名虽然姗姗来迟，但做人做事务必认认真真。因此，他工作起来十分投入。

古代判官很注重通过观言察色来揣测诉讼对象的心理，通常要做到"五听"：辞听、色听、气听、耳听、目听。"听"即"观"，之所以用"听"，乃强调"听讼"之意。

欧阳观是这方面的高手，他善于"观其出言，不直则烦"、"观其颜色，不直则赧然"、"观其气息，不直则喘"、"观其听聆，不直则惑"、"观其眸子，不直则眊然"，即通过观察当事人的听觉、视觉和表情来判断案子的真伪。

在"听"的过程中，欧阳观始终按照"道"的标准来取舍诸听，达到公正平允。

欧阳观在道州任职时间并不长，他具体做了哪些事情，有哪些建树，地方文献中似乎没有什么记载，但永州的地方志将欧阳观列入《名宦列传》或《良吏传》中，可见他在道州担任判官时，口碑甚好，最后以清廉能干扬名后世。

从明代开始，道州就有专门的祠堂祭祀欧阳观，可见欧阳观在后人心目中的地位是很高的。明代弘治《永州府志》就有记载："欧阳观，字仲宾，登咸平三年第，为州判官，以廉能称。既去，

《欧阳文忠公集》

因建堂而祠焉。观，修之父也。"

此外，明代隆庆《永州府志》中也记载了欧阳观被道州人民纪念的事实："左为名宦祠，祀唐刺史薛伯高、阳城、徐履道、裴虬、吕温、李廙，宋司马寇准、判官欧阳观。"到了清代，欧阳观依旧入名宦祠，被世人祭祀敬仰。

离开道州后，欧阳观先后担任泗州（今安徽泗县）、绵州（今四川绵阳）推官，泰州（今江苏泰州）通判，一生都在地方任上，他为官虽然短暂，但却才能出众，清廉正直，在各个地方都留下千古美名。

最重要的是，欧阳观一生清廉，乐善好施，去世的时候"囊底萧然"，让人钦佩。

欧阳观的弟弟欧阳晔，生于后周世宗显德五年（958），卒于北宋景祐四年（1037）丁丑四月九日，享年八十。

欧阳晔和其兄长欧阳观都在咸平三年（1000）中进士，于天圣年间（1023—1032）到永州任职。明洪武《永州府志》卷十《名宦》表中，他在郡守、丞中排在王羽和许璥之间。

其侄子曾作《奉送叔父都官知永州》一诗：

> 虎头盘绶贵垂绅，青组名郎领郡频。画鹢千艘随下濑，
> 听鸡五鼓送行人。楚波漾楫萍如日，淮月开舱蚌有津。
> 千里壶浆民咏溢，樯乌旗隼下汀蘋。

这也可证明欧阳晔曾在永州为官。

各位看官，欧阳观、欧阳晔兄弟俩先后打卡永州，来此为官，

间隔约二十年。

他们两个在永州的贡献，按下暂且不表。单说他们的一个子侄，为永州留下的诗文，就十分了得。

二

此人便是欧阳观的儿子、欧阳晔的侄子欧阳修！

这个欧阳修，可谓北宋文坛第一牛人！

他究竟牛到什么程度呢？可以略举三四：

其一，他的成长不一般。

"欧阳公四岁而孤，家贫无资。太夫人以荻画地，教以书字。多诵古人篇章，使学为诗。"你看看，他四岁时就失去了父亲，家境贫穷，没有钱供他上学。母亲就用芦苇秆在沙地上写画，教他写字，还给他诵读许多古人的篇章，让他学习写诗。年龄稍大读书时，课本是向别人借的。他勤奋好学，写出来的作品跟成人一样。

"修不幸幼孤，依于叔父而长焉。"后来，叔叔把他带在身边。由于叔叔为官清廉，作风严谨，对他的影响很大。他在为欧阳晔作的《尚书都官员外郎欧阳公墓志铭》中说："公以太子·中允监兴国军盐酒税，太常丞知汉州雒县，博士知端州桂阳监，屯田员外郎知黄州，迁都官知永州，皆有能政。"

尽管他很有才华，但考试屡屡受挫，科举之路颇为坎坷。天圣元年（1023）和天圣四年（1026）两次参加科举都意外落榜。据欧阳修同乡、时任主考官晏殊后来对人说，欧阳修未能夺魁，主要是锋芒过于显露，众考官欲挫其锐气，促其成才。

天圣七年（1029）春，经胥偃推荐，欧阳修参加国子监考试获得第一，同年秋参加国学解试又获得第一，第二年参加礼部省试又获得第一，欧阳修"连中三元"，一时名动天下。

其二，他的才华不一般。

传说有一次欧阳修出使辽国，辽国的官员为了体现出欢迎的热情，便请了当时辽国最著名的歌姬在席间歌舞助兴。这本也是平常之事，但当歌姬开口之时，众人都惊呆了，原来，这歌姬所唱之曲皆为欧阳修所作之词，可见欧阳修当时的名气之大，连北宋的邻国辽国都受到了影响。

当时欧阳修被皇帝任命同修起居注，命他知制诰，即草拟皇帝的文书。这个职位可以说是皇帝的贴身人员了，按照惯例，在上任之前都要经过层层考试。但欧阳修却受到宋仁宗的破格提拔，没有经过考试便担任了这个职位。宋仁宗还曾感叹："修论事切直，人视之如仇，帝独奖其敢言，面赐五品服……如欧阳修者，何处得来。"从此处也可以看出当时欧阳修的盛名。

其三，他的眼光不一般。

嘉祐二年（1057），五十一岁的欧阳修做了礼部贡举的主考官，以翰林学士身份主持进士考试，这一场科举各科共录取了899人，其中进士388人。这些进士中的能人太多，《宋史》有传的共有24人：章衡、窦卞、罗恺、邓考甫、王回、王韶、王无咎、吕惠卿、刘庠、刘元瑜、苏轼、苏辙、郑雍、林希、梁焘、曾巩、曾布、程颢、蒋之奇、杨汲、张载、张璪、章惇、朱光庭等。

这一届中王韶、郑雍、梁焘、吕惠卿、苏辙、林希、曾布、张璪、章惇等九人曾担任宰执；对后世造成巨大影响的有苏轼、苏辙、张载、程颢、曾巩、曾布、吕惠卿、章惇等十余人。

可以说，北宋政治界、思想界、文学界的各种代表人物都在这张榜单中崭露峥嵘。

欧阳修一生桃李满天下，连包拯、韩琦、文彦博、司马光也曾经是他的弟子，得到过他的赞赏与推荐。最为难能可贵的是"唐宋八大家"中苏洵、苏轼、苏辙、王安石、曾巩五人，均以布衣之身被他相中和提携，成为他的门生和好友，从而名扬天下，成为当时文坛主将。

正如陈寅恪评价欧阳修所说："贬斥势利，尊崇气节，遂一匡五代之浇漓，返之淳正。故天水一朝之文化，竟为我民族遗留之瑰宝。"

其四，他的胸襟不一般。

宋代人才辈出，群星灿烂，可以说与欧阳修的学识、眼光和胸怀密不可分。欧阳修曾经担任谏官和吏部流内铨，有权评论时政和朝臣的功过，对地方官员的升降赏罚起着决定性作用。但他心无旁骛、秉公用权，荐人出以公心，外举不避仇，培养提拔了一大批新人，经他举荐的贤能不计其数，文坛上有"唐宋八大家"中的宋代五位文学家，还有宋朝几大学术流派的重要人物，如"洛学"的程颢，王安石"新学"的重要成员吕惠卿、曾布等。特别是在政坛上，欧阳修向宰相杜衍推荐曾巩，后又恳请皇上予以重用，结果曾巩成为朝廷名臣。嘉祐六年（1061），欧阳修任参知政事，他不计前嫌，向宋仁宗推荐了政见不同、与他有些矛盾的吕公著、司马光、王安石三个可任宰相人选，其人格魅力世人无不敬仰。

三

就是这么一个牛人，也曾与永州结缘。

欧阳修是否到过永州，学术界还存在争议，有待进一步考证。

如果从他留下的文集来看，他以诗文打卡永州，为永州做推介是毋庸置疑的。

欧阳修有《永州万石亭》一诗：

> 天于生子厚，禀予独艰哉。超凌骤拔擢，过盛辄伤摧。
> 苦其危虑心，常使鸣声哀。投以空旷地，纵横放天才。
> 山穷与水险，下上极沿洄。故其于文章，出语多崔嵬。
> 人迹所罕到，遗踪久荒颓。王君好奇士，后二百年来。
> 翦薙发幽荟，搜寻得琼瑰。戚物不自贵，因人乃为材。
> 惟知古可慕，岂免今所哈。我亦奇子厚，开编每徘徊。
> 作诗示同好，为我铭山隈。

这首诗是他寄给永州朋友的。其中，"作诗示同好，为我铭山隈"一句，表明他的这首诗曾经被朋友铭刻上石。

欧阳修还有一首诗《送道州张职方》：

桂籍青衫忆共游，怜君华发始为州。身行南雁不到处，
山与北人相对愁。莫为高才轻远俗，当令遗老识贤侯。
三年解组来归日，吾已先耕颍水头。

此诗写于治平四年（1067），张职方就是张器，当时准备上
任道州知府，于是欧阳修写诗相送。"身行南雁不到处，山与北
人相对愁"一句被南宋诗论家葛立方赞赏，说："律诗中间对联，
两句意甚远，而中实潜贯者，最为高作……《送道州张职方》：'身
行南雁不到处，山与北人相对愁。'如此之类，与规规然在于媲
青对白者，相去万里矣。"这句话是说道州是大雁都飞不到的地方，
由于欧阳修没有来过永州，因此在他的想象中，道州已经是南方
的边远之地了。

欧阳修还为不少在永州的朋友写过墓志铭，如为郑平写过《永
州军事判官郑君墓志铭》，为吴举写过《零陵县令赠尚书都官员
外郎吴君墓碣铭》，还为永州江永人周尧卿写过《太常博士周君
墓表》。

这些都成了永州很珍贵的文献资料。

四

永州的山水景观在柳宗元笔下最为人知，而摩崖石刻则在元
结手中开辟，元结对永州山水的喜好不亚于柳宗元，而他的古文，
笔力雄健，意气超拔，也不减韩柳之作。元结在永州留下大量摩

● 欧阳修《醉翁亭记》意境图

崖石刻，铭记山水，震烁古今。

欧阳修是金石学的重要开创者，他的《集古录》一书，集铭文、碑刻、金石器物等于一身，是我国现存最早的金石学著作，具有极高的研究价值。从这本书中，也可以看出他对永州情有独钟，甚至十分向往这里。

书中记载了元结的四处摩崖石刻，一是刻于今祁阳浯溪碑林的《大唐中兴颂》和《峿台铭》，一是刻于道县的《宻樽铭》，一是刻于江华阳华岩的《阳华岩铭》。

他对这四处摩崖石刻均有评价，说《大唐中兴颂》"书字尤奇伟，而文辞古雅，世多模以黄绢，为图障。碑在永州，磨崖石而刻之，模打既多，石亦残缺"。《大唐中兴颂》由颜真卿书写，书法极为震撼，当时就有不少人对《大唐中兴颂》进行椎拓，甚至还有仿造假冒的，他记载道："今世人所传字画完好者，多是传模补足，非其真者。"而他自己则亲眼见到《大唐中兴颂》的拓本，认为"尤为难得尔"，可知欧阳修对《大唐中兴颂》是极为关注的。

同时，他还评价浯溪的另外一处元结的石刻《峿台铭》，说："斯人之作，非好古者不知为可爱也，然来者安知无同好也邪？"对道县的《宎樽铭》的评价，其实是对元结的评价。

> 次山喜名之士也，其所有为，惟恐不异于人，所以自传于后世者，亦惟恐不奇而无以动人之耳目也。视其辞翰，可以知矣。古之君子诚耻于无闻，然不如是之汲汲也。

《宎樽铭》是瞿令问以篆书书写，极具古意，较为特别，令人耳目一新，所以欧阳修认为元结是通过追求奇特来博取名声，是有心于建功立业的人。

同样的评价，可以在他对元结《阳华岩铭》的跋语中见到：

> 元结，好奇之士也，其所居山水，必自名之，惟恐不奇。而其文章用意亦然，而气力不足，故少遗韵。君子之欲著于不朽者，有诸其内而见于外者，必得于自然。颜子萧然卧于陋巷，人莫见其所为，而名高万世，所谓得之自然也。结之汲汲于后世之名，亦已劳矣。

欧阳修通过诗文和著作，为永州做了不少宣传，且欧阳修为一代文宗，所以明清时，永州人依旧纪念欧阳修。清代康熙《永州府志》记载文庙祭祀欧阳修："两庑从祀，自唐开元间始也。诸书所列，位次参差不一，今因明嘉靖间祀典所定图于左。……两庑先儒（欧阳修，字永叔，庐陵人，生宋真宗丁未）。"

14 柳应辰

○ 张京华　洋中鱼

浯溪那个怪异的
符号是他所留
——柳应辰永州打卡记

※ 打卡时间：宋仁宗皇祐五年（1053）、
宋神宗熙宁六年（1073）

※ 打卡地点：浯溪、朝阳岩、火星岩、
澹岩、九龙岩等地

一

　　作为中国最大的露天碑林，浯溪碑林以其石刻总数之多、艺术水平之独特，以及各碑所处历史时期的艺术价值、文学价值、审美价值和在中国书法艺术上的地位之崇高，成为历代书法家心中的神圣殿堂。

　　可是，到过浯溪的人，除了欣慰见到仰慕已久的书法瑰宝《大唐中兴颂》，可能还惊讶于该碑刻右上方一方特异的石刻，那是一个常人不认识的怪异符号，"决"字少了两点："夬"，读音为：guài。可能很多读者会大笑：呵呵，真是一个怪字！

　　那么，人们不禁要问：是谁在浯溪这里留下这个怪字的呢？这个怪异符号的意思又是什么呢？

其实，留下这个怪字的也是一个怪人，他名叫柳应辰，字明明，湖南武陵人。

柳应辰，这名字大概是指天上的星辰明亮，或者是指在群星中最为明亮的那颗星星。之所以这样解释，是因为柳应辰还有一个哥哥，名柳拱辰，字昭昭。昭是指阳光灿烂，引申指显著。

他的父亲可能对天文颇感兴趣，给他们兄弟俩取的名字都跟星辰有关，连在一起，就是"昭昭明明"，或"明明昭昭"，意谓阳光万丈和星辰璀璨，希望这两个儿子与众不同（事实上确实如此），是不是很有意思？

更有意思的是，柳拱辰与柳应辰兄弟俩先后到永州任职。柳拱辰，宋仁宗天圣八年（1030）进士。柳应辰，宋仁宗宝元元年（1038）进士。仿佛是一种天意，两人一前一后，都在永州做官。柳拱辰是至和二年（1055）出任永州知州，柳应辰是熙宁六年（1073）出任永州通判，兄弟俩

● 柳应辰浯溪"夬"字石刻

相隔十八年前后抵达永州。这真是太巧合了！

更巧合的是，柳氏兄弟闲暇之余，都喜欢追慕前人的踪迹游山玩水，吟诗作文，并都在永州留下了诗文和题刻。他们对永州文化的贡献颇大，值得点赞。

柳应辰来永州之前，曾在岭南昭州做知州。当时，岭南有个叫侬智高的壮族小伙子，不堪忍受大宋附属国交阯国的欺压盘剥，拉起一帮人马造反，成为少数民族首领，但屡屡遭到交阯国的袭击。后来，在四次乞求归降大宋，请求大宋保护未果的情况下，便反击大宋，先后攻破邕州（南宁），围困广州，然后又破昭州，令大宋朝廷一震。

关于昭州之战，《续资治通鉴》记载如下：

> 庚申，侬智高破昭州，知州柳应辰弃城走，广西钤辖王正伦与贼斗于馆门驿，死之，合门祗候王从政、三班奉职徐守一、借职文海皆被害。从政骂贼不绝口，至以汤沃之，终不屈而死。

你看看，柳应辰身为一个大宋知州，居然被造反的侬智高攻破了昭州城，这是何等的丢人啊！

消息传到汴京，宋仁宗赵祯下旨免去了柳应辰的知州职务，同时派大将狄青出马，统率广南各将领及其人马2万余人，以名将杨文广为先锋，于皇祐五年（1053）初，出昆仑关，直奔邕州。狄青出奇兵直捣侬智高邕州老巢，将其击溃，令之流亡大理国。至和二年（1055）四月，侬智高去世，年仅三十一岁。

柳应辰弃城而逃，捡得一条性命，被免职后，先是降职派到随州，在那里没留下什么记载。后来，辗转几个地方，便到了永州。

二

其实，柳应辰第一次打卡永州的时间是皇祐五年，打卡地点在浯溪。

那次，他因"弃城"刚被免去昭州知州一职，降级去湖北随州赴任，走水路经过浯溪，见这里风景很美，就上岸游玩。又读到颜真卿所书、元结作文并请人刊石的《大唐中兴颂》，出于对两位先贤的敬仰，就刻了题记。

柳应辰于熙宁六年（1073）十月到任，马上带领全家游浯溪。时隔二十年，旧地重游，柳应辰十分高兴，特意刻石题记：

浯　溪

熙宁六年癸丑十月十九日，尚书都官员外郎、通判永州柳应辰，全家游此。夬。

这是他在浯溪留下的第二方题刻。"全家游此"简简单单四个字，流露出其乐融融之态！

熙宁七年（1074），柳应辰第三次携家人来到浯溪。这次游览浯溪的原因，很可能是他突然想起了二十一年前的皇祐五年自己在浯溪留下的题刻。他想找到看看，究竟有多少变化。可是，全家人找了很久，就是没有找到从前的题记。

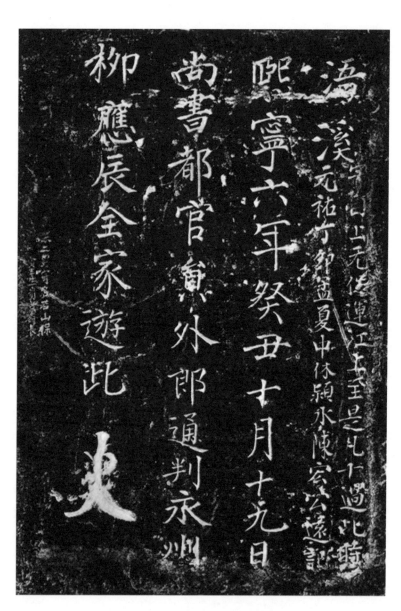

● 熙宁六年柳应辰浯溪题刻拓片

柳应辰觉得很奇怪，打听之下，听说这里曾经有妖怪，可能是妖怪把他的题刻吃掉了。而他本来就是一个不信邪的人，于是刻下了著名的"心记"题刻及"夬"字押符。

这方"夬"字石刻很大，长一丈三尺，宽七尺，深五寸（现代测量是长 4.4 m，宽 2.3 m，深 17 cm），又因为就只有这一个单字，所以异常突出。现在是浯溪一景，新版《浯溪志》称之为"柳押石"。

柳应辰有篇题记在旁边。左边是"心记"题诗："浯溪石在大江边，心记闲将此处镌。向后有人来屈指，四千六百甲寅年。"中间是年月："大宋熙宁七年甲寅岁，刻于浯溪之石，尚书都官员外郎武陵柳应辰明明。"右边是题记："押字起于心，心之所记，人不能知。"

在这方题刻中，柳应辰表现出高度的自信，他认为自己的题刻至少可以留存四千六百年。这种自信，在中国古代石刻中绝无仅有，可见他行为之"怪"。

而这一个"夬"，从宋代开始，大家就都弄不懂是什么意思。流传至今，大约有四种解释：

● 柳应辰浯溪"心记"题刻拓片

一说是镇妖的画符，有人就叫"镇妖符"。《永州府志》说："柳应辰维舟浯溪，夜有怪，登其舟，应辰书'夬'字符于其手。诘朝，符见于崖端，遂刻以镇之，怪遂绝。"《湘侨闻见偶记》说："一称浯溪旧有山怪，应辰泊舟，有巨手入窗，应辰为书押，其旦字在石壁，乃刻之。一称应辰守道州，以押字镇水怪，降槐树妖。其说甚幻。"

一说是《易经》的"夬卦"。《易经》说："夬，决也，刚决柔也。"清代人说："揣其命意，盖取决，判决诸心，则邪祸自去。"这其实又说回到镇妖上来了，而且"夬卦"的"夬"和"妖怪"的"怪"是谐音……

一说是柳应辰自己的画押。大文人洪迈在《容斋五笔》中说："熙宁中，柳应辰尝押字盈丈，刻于浯溪等处，使人莫识何字，以怪取名，实'应辰'二字也已。"

一说是道教的画符。道教有很多画符，这个叫作"一笔符"。《浯溪志》甚至说，柳应辰就是当时道教的首领，他刻画的"实是他们的教义"，他们是"三教合一派道教"。

虽然只是一个字，却越传越怪。好像是镇了老怪，倒添了新怪。

这次，柳应辰还留下了他在浯溪的第五方石刻，是一首无题诗。这首诗刻于"心记"东面高处。此诗上部残缺，诗末有跋。

又过了两年，也就是熙宁九年（1076），柳应辰任期已满，即将离去，又来到自己喜爱的浯溪，却又忽然发现了这方题刻。柳应辰高兴地写下："应辰皇祐五年，坐忤蛮寇昭，谪居随州，舟次浯溪，尝刻岁月。后二十一年，通判本郡，遍寻旧记，漫不可见，亦不记所题之处。比任满，泊舟江下，经五日，始见于石门之东。字刻平浅，隐约能辨，亟令家童依旧画镌深之。"

这段话也被柳应辰刻在了石上，作为他在永州的最后纪念。

这也是他在浯溪留下的第六方石刻，是第一方的补记内容，二者在一起。遗憾的是至今不见了。

清代学者王昶在编撰《金石文编》时，特别称赞了柳应辰的这种举止："可谓好事矣""为美谈也"。

大家仔细想一想，一方石刻失而复得，得而复失，是不是有点奇怪呢？

三

"柳押符"又称"心记符"，依照柳应辰自己的题记，叫作"心记"似乎更合乎本意。"心记"就是"心的记录"，心的思绪怎么记录？这确实是个难事。"心之所记，人不能知"，不仅人不能知，而且自己甚至也无法表述。

佛教有部《心经》，全称《摩诃般若波罗蜜多心经》，第一个翻译的人是鸠摩罗什，后来玄奘又重新翻译。《心经》说"色不异空，空不异色，色即是空，空即是色""无眼界，乃至无意识界，无无明，亦无无明尽"，可见《心经》讨论的实际上不是"心"，而是"空"。看柳应辰在澹岩驱赶僧人那么不客气，恐怕他的"心记"不是阐扬佛教的《心经》。

其实"心记"的真意可能还是在《易经》上，但不是取义夬

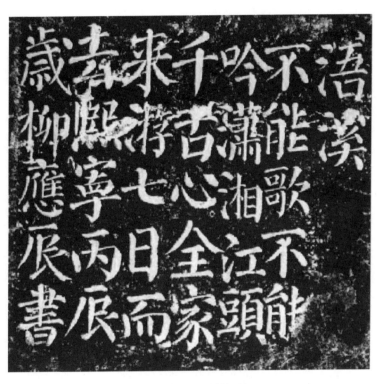

● 柳应辰浯溪题刻拓片

卦的"夬"字，而是取义夬卦的卦辞："夬，扬于王庭。"

《汉书·艺文志》阐释小学十家，引此语云，"言其宣扬于王者朝廷，其用最大也"，是认为文字可用以宣扬教化于王者朝廷。

司马光《资治通鉴》论汉末清议云："臣光曰：天下有道，君子扬于王庭，以正小人之罪，而莫敢不服；天下无道，君子囊括不言，以避小人之祸，而犹或不免。"认为"扬于王庭"与"囊括不言"背后隐含着君子、小人之争。

可见柳应辰的怪字符其实是具体有所指的，大抵仍不外于儒家的教化与地方官的职责。元结"有忧道闵世之心"，柳应辰也只是如此。

有意思的是，理学到明代有王阳明的"心学"，说"心外无物"什么的，不过在宋代"心学"还没出现呢。那么柳应辰的"心记""千古心"以及"此时心"，应该是什么呢？

王阳明说："心外无物，心外无事，心外无理，心外无义，心外无善。"心学的用意，大约只是强调人不能失去感觉——感觉到自己以外的事物。如果感觉不到，那就如同无物。

柳应辰的浯溪题记上说："不能歌，不能吟，潇湘江头千古心。全家来游，七日而去。"表面上看，可谓来得痛快，去得也痛快。仔细看看，却是在用心、静心。

七日而去，去就去了，为什么特意刻写下来？

《易经》的复卦曾说："七日来复……复，以见天地之心。""复"解释为返回，《易经》的泰卦又说："无平不陂，无往不复。"大概柳应辰眼见着江水在不断流淌，心想着天地的循环往返，想到了但是又不能说，只安静地不歌不吟，恰剩一种"心的记录"了。

如此说来，也就见怪不怪了！

四

除了浯溪，柳应辰的足迹还涉及零陵的石角山、朝阳岩、火星岩、澹岩，以及三门岩和东安的九龙岩等地。

澹岩，"澹"又作"淡"。《永州府志》："澹岩，去城二十五里许，有一门壁立万仞，东南角有一石窍。昔有澹姓者家焉，遂名澹岩。"

熙宁七年（1074），柳应辰陪太守丁侨游澹岩后，写了一篇《澹山岩记》，内容如下：

> 零陵多胜绝之境，澹山岩为甲。观东南二门而入，广袤可容千人。窦穴嵌空，物象奇怪，有不可得而状者。中贮御书，岁度僧一人。僧徒惟利居处之便，而不顾蔽映障遏之弊，连薨接楹，重基叠架，疣赘延蔓，殆将充满。甚者粪秽积聚，烟爨熏蒸，道隧阴黑，非秉烛不能入。

> 太守丁公侨处事刚严，始至，大不怿。悉彻群僧之舍，俾居岩外。惟书阁殿像得存，馀一椽一木无敢留者。他日，公率应辰、大理寺丞杨杰、河阳节度推官杨巨卿同至游

览。层构一空，众状在目。开筑塞为通谿，破昏暗为光明，实人情之共快。若石田、药臼之处，皆晴景所及。客有言："物理显晦，固亦系乎时耳。"熙宁七年甲寅九月十五日记。

从他的文章可以看出，澹岩曾藏有御书，而且由和尚守护。只是和尚比较懒惰，不讲卫生，在洞内"烟爨熏蒸"，导致洞内阴黑，不举火把难以进入，而且"粪秽积聚"。情况被反映到太守丁侨那里，丁侨果断处理此事，使澹岩重现光彩。

熙宁七年（1074）十二月十一日，柳应辰与都官郎中知零陵郡事李士燮同游火星岩和朝阳岩时，想起其兄柳拱辰以前任职永州时政绩卓著，在这两个地方也有诗作，于是写下了《火星岩游记》：

昭昭兄元和中以职方员外郎来守零陵，宣布条诏，百废咸治。建州学，明教化之本；作《土风记》，尽民俗之事。乘暇数为火星岩之游，摩崖题咏于此为多。窃观暮春联句，尤极佳思，研炼精切，传布人口。熙宁七年，应辰亦以职方通理兹郡，遍览遗迹，恻然追感。噫！相去二十二年矣！悠悠岁时，人不可见，江山风物，宁有异于当年？每到踌蹰，久不忍去。武陵抑应辰明明记

此时，他的哥哥柳拱辰刚谢世不久，睹物思人，黯然神伤，伤感之情，溢于言表！

同一年的十一月二十二日，柳应辰"独游零陵之三门岩"。

熙宁九年（1076），柳应辰游览了东安县的九龙岩。他在这里

留下了一方石刻，而且附有题记。柳应辰在题记上说：

> 人之安适夷旷，系于内不系于外，故有居山林而躁者，
> 在朝市而静者。必若心源湛寂，世累疏薄，又得幽绝之
> 境以辅助之，宜乎安于自得，萧然乎尘垢之外。

石角山位于永州旧城东北五里。据方志记载，这里原有连绵十余小峰，奇峭如画。后峰高处一石高耸斜挂，有若仙掌凌空，故称"石角"。柳宗元有一首五言长诗，题为《游石角过小岭至长乌村》。

柳应辰曾游览石角山，遗憾的是，他在石角山的一首题诗、一篇题记，都残缺不全了。在清代已经风化残缺，只看见"通判柳明明、判官沈子瞻，同游石角亭，又东游至此，爱其清旷之景……"后面就没有了。

柳应辰一生留下的文字不多，几篇诗文题记全都见于永州。这是他与永州的特殊缘分，也是他对永州的最大贡献。

15
宋
迪

他是天下『八景』先河的开辟者
——宋迪永州打卡记

○ 洋中鱼

※ 打卡时间：嘉祐八年（1063）三月
※ 打卡地点：蘋岛、澹岩

一

大宋江山 319 年，能够在中国周边国家产生影响的历史人物，除了周敦颐，似乎就是他了。在中国几千年的美术史上，能够令外国同行钦佩并学习至今的画家可谓寥寥无几，他就是其中之一。

这个人，就是宋迪。

周敦颐是一个伟大的思想家，被誉为"孔孟之后第一人"和大宋"第一圣人"。作为宋明理学的开山鼻祖，他承前启后，开创了宋以来儒学的新形态，成为湖南"千年湘学"的宗主，也是第一个对中国传统文化产生重大影响的湖湘学人。周敦颐的影响及于朝鲜、越南、日本等国，这些国家至今还有人在研究周敦颐的濂溪学。

而宋迪，是北宋一位著名的画家，作品甚多，但仅凭一组画，或者说一幅卷轴《潇湘八景图》，就征服了朝鲜和日本艺术界，令他们仰慕到如今。

宋迪，字复古，出生在河南洛阳一个士大夫家族，他家六代为官，因与哥哥宋道（字公达）、侄子宋子房（字汉杰）的绘画作品同为时人推重，名噪一时。

我很喜欢"复古"这个名字，叫起来亲切，并让人想起中国古代的经典艺术作品，如青铜器、陶瓷、音乐、绘画，还有汉赋、唐诗、宋词，等等，带给人的感觉是精致、绝美、无与伦比、过目难忘。

翻开《宣和画谱》，在卷十二就可以见到关于他的记载：

"性嗜画，好作山水。或因览物得意，或因写物创意。而运思高妙，如骚人墨客。登高临赋，当时推重。往往不名，以字显，故谓之宋复古。又多喜画松，而枯槎老枿，或高或偃，或孤或双，以至于千株万株，森森然、殊可骇也。"

宋复古的代表作是《潇湘八景图》。潇湘，泛指湖南，具体

● 《宣和画谱》是北宋宣和年间（1119—1125）由官方主持编撰的宫廷所藏绘画作品的著录著作

来讲，是指潇湘二水交汇处。

据考证，宋复古曾多次到过湖南，他的代表作就是以湖南的八处实景入画的。其中《潇湘夜雨》，就在永州古城以北、潇湘二水交汇处的蘋岛。

二

极尽搜索，方知有关宋复古的记载很少，只有宋代《梦溪笔谈》《宣和画谱》《图画见闻志》《画史》《图绘宝鉴》和清代《佩文斋书画谱》几种而已。

而且，在所有史料中，都没有宋复古的具体生卒时间，只知道宝元元年（1038），他与二哥宋道一同通过科举考试。《图画见闻志》卷三《纪艺·中》云："宋道，字公达；宋迪，字复古；洛阳人。二难皆以进士擢第，今并处名操……"名操，意为知名之辈，可知当时宋公达、宋复古兄弟二人的知名度很高。

据《宣和画谱》记载，宋复古曾"以李成为师"。李成是五代末北宋初画家，与董源、范宽并称"北宋三大家"，他的画作特色是"墨润而笔精，烟岚轻动，如对面千里，秀气可掬"。

按理，宋复古应该继承李营丘（李成）的画风，事实上他的画似乎少了些秀气，多了分空蒙。原来，他对李营丘式的北方山水画进行了吸收，同时又加入自己的嗜好，即通过淡墨而体现出云烟之气，因而凸显出自己的特色。

也就是说，宋复古虽然是师承李营丘平远趣致画风之大成者，但他爱潇湘山水风情且绘成八景图并非恩师点拨，也非刻意复制自然景色，而是融入了自己的人生阅历与深度思考，然后进行再创作。

　　仔细分析，促使宋复古完成《潇湘八景图》的主要原因应该有两个：首先是潇湘文学的浸染，其次是道法自然的实践。

　　"潇湘"这个地名，或者说名词，因上古舜帝南巡"崩于苍梧之野。葬于江南九嶷"，娥皇女英二妃千里寻夫、泪洒斑竹，最后投江殉情的凄美传说而披上了神秘的面纱，被人们从传说搬入文艺作品，从此，"潇湘"之名像一枝瑰丽的花，绽放在文

● 《图画见闻志》

人的笔下，它不仅泛指湘江流域，泛指"三湘四水"，还泛指一切美好的地方，成了美的代称。

　　战国时期的屈原，一心报国，却被糊里糊涂的楚怀王流放到潇湘，由此写下了《离骚》《九歌》《九章》《天问》《招魂》等脍炙人口的篇章。

　　西汉时期谪为长沙王太傅的贾谊，在寓居长沙的日子里，写下了《过秦论》《论积贮疏》《陈政事疏》《吊屈原赋》《鹏鸟赋》

等名篇。

他们两个的作品，是潇湘大地有据可查的最早的文化源头。

屈贾文风，如万丈阳光，照亮了整个潇湘大地。至大唐，杜审言、刘长卿、李白、杜甫、元结、韩愈、柳宗元、刘禹锡、吕温等著名文人，或被谪贬流落，或仕途羁旅潇湘，吟诗作赋，摩崖刻石，引得之后的骚人墨客比肩接踵，争来潇湘吟咏挥毫，抒发思古幽情。

从历史的眼光来看，这些人虽是潇湘大地上的匆匆过客，但他们为这块土地留下了诸多珍贵的东西（比如诗词歌赋、摩崖石刻等等），成为潇湘文化的深深积淀和璀璨名片。同时，也使"潇湘"成为中国文学史上优美的文学意象。

古人云：道法自然。作为一名过客，潇湘神美的山水，深深地印在了宋复古脑海里。之后，水到渠成，通过他的笔墨，变成绝美的艺术作品。

三

嘉祐六年（1061）三月，宋复古担当殿试对读官。大约第三年初，宋复古出任荆湖南路转运判官职方员外郎。其间，打卡永州。

《湖南通志》卷二百七十一引金石文编，记录了永州澹岩上一则宋迪的题名：

嘉祐八年三月初八日，转运判官尚书都官员外郎宋迪游。

《湖南通志》引金石审：宋迪题名字甚小，工书，笔法似钟绍京。

我曾与师友们多次去澹岩考察。澹岩见诸记载的石刻为220方，由于种种原因，现仅存30余方。我们在澹岩仔细寻觅，没有找到宋迪的原刻，却找到了理宗绍定年间永州知府卫樵的题刻，诗句中有"八景图"字样，应是与宋迪的隔世唱和之作。

另《豫章先生文集》卷二十四《全州磐石庙碑》记载："治平初，天子励精听断。立考课法。进退州郡文武吏。于是全久不治。湖南安抚使吴仲复、转运使杜植、判官宋迪、提点刑狱杨宁奏言。路分都监文思副使王某。曾任全州都巡检。侬智高反邕管时。"该奏文是宋迪等联名请愿天子为全州立下防御之功的王世行升任的折子。

据此可知，宋复古治平初年（1064）仍在湖南任职。也就是说，他任荆湖南路转运判官约为1063—1064年上半年。大约是1064年下半年，宋复古"知莱州"。

作为一个卓越的画家，宋复古在湖南任职期间，曾多次在湘江水路往返。潇湘水域，令他着迷、着魔。

正因为有了这样的行旅经历和痴情，他不仅像普通人一样为潇湘秀美的

● 澹岩卫樵题刻

实景所触动，而且因博览历代潇湘诗文并谙熟潇湘风情神韵，加上他本来是一个具有开拓性的画家，在承袭前人择风景以作画时，于诗情与风情的交融中，自然地形成了《潇湘八景图》意境和画题。

宋复古的悟性很高、创造力极强。这可以从他教给陈用志"败墙张素"之法可以看出，他曾张素于败墙之上，见高平曲折，皆成山水之势，让陈用志心存目想，意领神会，陈遂感悟，自此画格大进。

永州本地人都知道，在以水路交通为主的古代，去澹岩必经蘋岛。而宋复古《潇湘八景图》中的《潇湘夜雨》"写生"地就是蘋岛，所以，现今蘋岛上有一块小石头，上刻"潇湘夜雨"四字，俨然是"潇湘八景"家族颁发的户籍证。

蘋岛虽然不大，但地理位置独特。这里曾得到历代诸多著名诗人的吟咏。如果登临，就会发现，江风明月，远山含黛，水波如绸，如诗如画。

别说是宋复古这样伟大的画家，即便愚钝如我，每次到蘋岛上去漫步，也常为那里的美景所震撼。

在蘋岛上独自行走，我脑海里一直在臆想两个宋代艺术家在此留下的背影：一个是宋复古（宋迪），一个是郭楚望（郭沔）。前者为蘋岛画了一幅画——《潇湘夜雨》，后者为蘋岛谱了一支曲——《潇湘水云》，二者都是不朽的艺术经典。

透过历史的罅隙，遥想当年，宋复古站在蘋岛上，一定是感慨万千。为了表现潇湘的神美，他绞尽脑汁，力求创新，发誓要留给人们一个与众不同的印象。

好在宋复古眼光独到，他之所以选择潇湘作为画作的表现对象，是因为这个地区多雨、多水、多烟、多雾。而这一切，都是大自然的精灵，都是画家眼里的唯美意境。每当暮霭时分、夜色苍茫之际，蘋岛周边景色特别秀美，更让他感觉到这才是水墨应该表现的终极世界。

功夫不负有心人，通过长时间的认真观察、用心感悟和悉心酝酿，宋复古凭借自己的笔墨终于完成了惊世之作——《潇湘八景图》。

四

很多时候我在想，如果把刘禹锡《陋室铭》中的"谈笑有鸿儒，往来无白丁"句子，套在宋复古身上，可谓恰如其分。

因为从现有文献来看，宋复古结交的人，基本上都是社会名流。

比如，当时著名的诗僧惠洪见了宋复古的画，从宋的画作意境而彻悟诗画统一的妙意，并率先为宋复古的画作诗。

比如，北宋著名史学家、散文家司马光，他曾写诗赠宋复古：

> 昔别如飞蓬，飘荡随所适。那知十六载，厄酒对今夕。
> 渺然思旧游，间不容一息。百年讵几何，会合难屡得。
> 复古素恺悌，志行重金锡。皎如百炼精，不为燥湿易。
> 景淳气高逸，浩荡谁与敌。下笔惊雷霆，龙蛇走屋壁。
> 居然器业美，但有富贵逼。他时绾金印，羁束愈愁寂。

● 《潇湘八景图》

须穷今日欢，快意浮大白。勿辞簪弁倾，颓然倒樽席。

比如，理学鼻祖周敦颐曾与他同游庐山，两人以诗唱和。周敦颐的诗为《治平乙巳暮春十四日，同宋复古游山巅至大林寺书四十字》：

三月山方暖，林花互照明。路盘层顶上，人在半空行。
水色云含白，禽声谷应清。天风拂巾袂，飘渺觉身轻。

比如，北宋画家文同，也曾为他作有一首《宋复古度支晚川晴雪》：

霁色变云林，寒光混烟水。遥山定何处，渺漭才可指。

比如，比他年龄稍小的米元章（米芾），对别人说《八景图》是宋复古的得意之笔。（曾敏行《独醒杂志》记载："米元章谓《八景图》为宋迪得意之笔。"）

……

可是，无论从诗歌的内容，还是从诗歌的影响力来讲，给予复古帮助最大的还是苏东坡。

苏东坡初入仕途签书凤翔府节度判官厅公事时，宋复古的哥哥宋选知凤翔府，是苏东坡的顶头上司。苏东坡与宋氏兄弟以及宋复古的侄子（宋选之子）宋子房均有很深交往，所以，宋复古的最新画作出来时，他自然捧场了，于是写了五律《宋复古画潇湘晚景图》三首：

西征忆南国，堂上画潇湘。照眼云山出，浮空野水长。
旧游心自省，信手笔都忘。会有衡阳客，来看意渺茫。

落落君怀抱，山川自屈蟠。经营初有适，挥洒不应难。

江市人家少，烟村古木攒。知君有幽意，细细为寻看。

咫尺虽非少，阴晴自不齐。径蟠趋后崦，水会赴前溪。
自说非人意，曾经入马蹄。他年宦游处，应话剑山西。

苏东坡是北宋大文豪，连黄庭坚、秦观、晁补之、张耒、陈师道、李廌等社会名流都是他的门生，其影响力无与伦比。

苏东坡的诗歌一出，相当于今天在电视黄金时间给宋复古插播了一条广告。宋复古的《潇湘晚景图》很快驰名天下，成为大宋画坛一道绮丽的风景。

后来，有人就把宋复古的画提炼、概括成《潇湘八景图》，各地也相继模仿，推出了自己的"八景"。这么一来，宋复古便成了天下"八景"先河的开辟者。

"潇湘八景"以崭新的面貌横空出世，如同一粒自天而降的火星，把积淀在人们心灵深处的那份人与自然和谐相处的情愫全部点燃，仿佛人人皆可成为陶渊明，人人皆可成为孟襄阳（孟浩然），因而引起了天下文人们的普遍向往。

继宋复古之后，宋代画家王洪、牧溪、玉涧，元代画家张远等人，也跟着绘制了《潇湘八景图》，"八景"创作蔚然成风。

五

尽管《潇湘八景图》已经失传，但我们从大量的模仿品中，也可以感觉到宋复古笔下的"景"都是流动的、转瞬即逝的、空蒙的和音乐化的。譬如"潇湘夜雨",就是这样。

作为一个永州人,我们的优势是,可以身临其境去感受"潇湘夜雨"之美。我曾两次于夜间登临蘋岛,虽然不是雨天,但一个人立在青石码头上,于夜色里眺望远水苍茫,一种诗情画意的感觉油然而生。

如果我们用心感悟,就可以发现,"八景"所表现的空间意识,与大自然的节奏高度谐和。正因如此,这看似毫不起眼的平山远水,才牵动了一代又一代文人的心,也影响到了日本和朝鲜等地。

日本是中国的邻邦,自古往来频繁。宋元时期,一船又一船的中国瓷器、绘画等艺术作品输入日本。特别是宋代画家王洪、牧溪、玉涧的《潇湘八景图》在12世纪晚期至13世纪初期传入日本,不仅引领了日本水墨山水画的发展,而且对日本美术史产生了巨大影响。

自11世纪至15世纪,日本画坛先后出现了大量以"潇湘八景"为题的作品。元朝神僧一山一宁云游至日本,为《平沙落雁图》所题的赞,使得该《潇湘八景图》作为日本现存最重要的"八景"水墨山水画之一得以保存。

"潇湘八景"的命名,在日本也引起了效仿。在安藤广重描绘的《名所江户百景》119处风景中,多采用"落雁、归帆、晴岚、暮雪、秋月、夜雨、晚钟、夕照"来命名。

此外,"潇湘八景"绘画的构思和布局,也成为日本"八景"画在内容与形式上的蓝本。大约在镰仓时代,日本画师就临摹董源、牧溪、玉涧、宋迪、马远等人的《潇湘图》和《潇湘八景图》，在"八景"水墨画的形式上，延续"V 字形构图法"和"一连通构图法"，也采用"一景一幅""二景一幅""四幅同景"和"八幅同景"的布图格式，甚至连题诗的位置布局都能够寻找到与"潇湘八景"的趋同。

与此同时，很多朝鲜文人、画家对《潇湘八景图》喜爱有加，他们潜心研究，据此创作了很多画作和诗歌。

1124 年，宋徽宗命翰林待诏王可训等人向高丽画家李宁学习绘画，而《潇湘八景图》就是他们切磋的重要内容之一。

高丽诗人李仁老(1152—1220)曾写有一首七绝《宋迪八景图》，是现今所见最早题咏《潇湘八景图》的高丽汉诗，其八景顺序与沈括记载完全一致。

稍后，陈澕的《宋迪八景图》、李奎报的《次韵李平章仁植虔州八景诗》《次韵李相国复和虔州八景诗来赠》，也歌咏了"潇湘八景"淡远清幽之美。

虽然高丽时期的《潇湘八景图》也不传于世，但从很多汉诗的描述以及现存高丽山水画来看，宋复古"潇湘八景"山水画淡雅含蓄的画风开启了朝鲜古代文人山水诗、画的新境界，并在以后近 800 年的时间里持续发挥着作用。即便到后来，明朝院体画风和浙派画风开始影响到朝鲜，而"潇湘八景"的创作传统也在延续，朝鲜宫廷和文人士大夫对《潇湘八景图》的创作及品题，仍乐此不疲。

16
周敦颐

○ 张京华 洋中鱼

他在永州五个岩洞留下题刻

——周敦颐永州打卡记

※ 打卡时间：北宋治平三年（1066）、治平四年（1067）

※ 打卡地点：澹岩、含晖洞、朝阳岩、华严岩、九龙岩

一

花开千年不败，人走千年宛在。

湖南有一座千年书院——岳麓书院，天下人皆知；岳麓书院有一副对联"吾道南来，原是濂溪一脉；大江东去，无非湘水余波"天下人亦皆知。

这副由清代大儒王闿运撰写的对联，表面上写的是水波，实际上写的是文脉。"濂溪一脉"表示濂学的创兴，"吾道南来"表示洛学的南传，"大江东去"表示朱子闽学的集大成，没写出来的是濂溪、湘水、长江最终汇入大海，表示理学远播东亚。对联是对周敦颐在湖湘在全国乃至全世界的地位的生动概括。

濂溪，本为一条小溪的名字，是潇水的

一条支流，位于今永州市道县境内。在北宋之前，它跟中国的许多小溪一样，是默默无闻的。但宋代一个人在中国思想史和文学史上的开创，使之变成了一个人和一个学派的代称。

这个人便是周敦颐。

周敦颐原名周敦实，字茂叔，谥号元公，是"北宋五子"之一，宋朝理学思想的开山鼻祖，文学家、思想家。他出生在湖南永州市道县楼田村，宋代为荆湖南路道州营道县营乐里。因其著述的《太极图说》和《通书》影响甚大，后人尊称他是孔孟以来的第三位圣人。又因其故里道山之下有泉，名为圣脉泉，流出为濂溪，所以后人称他为濂溪先生，称他开创的理学为濂溪学派，简称濂学。

称他是孔孟以来第三位圣人的人，不是我等这样的平民百姓，而是在中国思想史上占有一席之地的南宋大儒朱熹。他在《邵州特祀濂溪先生祠记》中说："自尧舜以至于孔孟，上下二千余年之间，盖亦屡明而屡晦。自孟氏以至于周程，则其晦者千五百年，而其明者不能以百岁也。"所以，清初黄百家称赞周敦颐有"破暗之功"。周敦颐因其卓越的思想理论的创造性贡献，而被尊为理学的开山鼻祖。他的思想光芒如同一盏明灯，照亮了中国将近一千年的历程，照亮了整个东亚世界，此其所以为一代圣人。

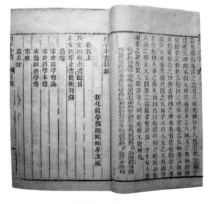

● 《周子文集》目录

相传周敦实少儿时代十分迷恋附近月岩的风景，经常去那里玩耍、悟道。其创作《太极图说》的灵感，也来自月岩景观的变化。遗憾的是，父亲周辅成不幸病逝，母亲郑氏只好带着他去京城投奔舅舅郑向。当时，郑向是龙图阁大学士。见到未老先衰的妹妹和仅十五岁的外甥周敦实，郑向感慨万千，兄妹相见，泪水涟涟。

尽管个人家庭暂遭不幸，但周敦实所生活的时代却是一个幸福的时代。宋太祖赵匡胤杯酒释兵权之后，听取宰相赵普的建议，按照"道理最大"的原则，尽量重用文人，即便是兵部，也由文人掌控。这就给了广大文人前所未有的发展机遇。

郑向学识渊博，是个很了不起的历史学家，为官之余，喜欢

● 道州濂溪书院

读读写写，著有《开皇纪》三十卷。他的著作，就像一个个历史补丁，对弥补五代历史资料的漏洞缺失起到了很重要的作用。周敦实跟在舅舅身边转眼五年，从舅舅那里学到了不少知识，尤其是各种史书和佛教道教方面的东西，并不时发表自己的见解，颇得舅舅赏识。

这时，身为太子的宋英宗被赐名宗实。按照当时的法律，皇帝和太子名字中有的字，其他人不许再用。即便在皇帝和太子之前已有的名字，也要修改或者空缺省略，这叫避讳。于是，郑向将外甥周敦实的名字改为周敦颐，又作周惇颐。

也就在这一年，郑向还为周敦颐找了一个对象——职方郎中陆参之女，并为他们完婚，帮周敦颐组建了自己的小家庭。

还是在这一年，郑向得到了朝廷的恩荫，也就是得到了一个让子女出来做小官的机会。郑向没有将这个机会留给自己的儿子，却留给了外甥。其中，除了亲情眷顾，更有周敦颐才华横溢的缘故。

周敦颐当上朝廷将作监的主簿不到一年，舅舅郑向调至润州丹徒县。不久，舅舅和母亲相继病逝。周敦颐按照他们的遗愿，把他们葬在润州的丹徒县，并在那里的黄鹤山鹤林寺为母亲守孝三年。

三年，也就是一千多个日日夜夜。鹤林寺的鹤鸣和钟声，早就烂熟于耳。然而，在鹤鸣和钟声中，周敦颐有幸结识了一个人——鹤林寺住持寿涯，并通过寿涯认识了不少名人绅士，包括一个对自己影响颇大的人——时任知州、文学家范仲淹。

我们现在回顾，就可以发现，周敦颐在鹤林寺守丧的三年，事实上也是他哲学思想初步形成的重要时期，并对他一生的仕途和学术都有着重要影响。

服丧完毕，吏部将周敦颐安排到洪州（今南昌市）的分宁县去当主簿，掌管文书的记录在案和注销等事务。

古时候政府编制很少，一个千户人家的大县才设县令、县丞、主簿、县尉四个县级官员而已。分宁当时不足一千户，也就没有县丞一职，周敦颐实际上成了分宁的二把手，也就是说，真正具有一定实权的人。

四年后，吏部派人来分宁考核，周敦颐得到广泛好评，二十八岁的周敦颐开始了他仕途的第一次升迁——调任南安军司理参军。

接下来的十年，周敦颐辗转南安、郴县、桂阳、南昌、合州、虔州等地，经过了一个又一个的人生驿站。

宋英宗治平元年（1064），虔州民间失火，导致千余家房子被烧毁。当时，周敦颐正在外地公干，朝廷接到失火报告，不容分说，就将他改任永州通判。

于是，这位千古圣人正式打卡永州。

二

要知道，永州和道州虽然很近，现在的道县（原道州）是永州的辖县。但在宋代，永州和道州却是不同的两个州。

周敦颐作为地方官员，"不卑小官"，操守慎严。他在永州任职，因为离家乡道州很近，一些亲友就想沾点光，便频繁跟他联系，套近乎。有一次，他的侄子周仲章自家乡来探望他，并希望在他那里求个一官半职，哪知道被周敦颐断然拒绝。周仲章启程回乡前，周敦颐送了些银两和布匹给他，并写了一封信（实际上是一首诗）让他带回家乡给父老们看看，以表明自己的政治态度和为官期许。这首诗的内容是：

> 老子生来骨性寒，宦情不改旧儒酸。停杯厌饮香醪味，
> 举箸常餐淡菜盘。事冗不知筋力倦，官清赢得梦魂安。
> 故人欲问吾何况，为道舂陵只一般。

其实，周敦颐在公务之余，还是颇有雅兴的。他极尽搜访之能事，喜欢游历山水，将山水之乐作为怀仰圣贤、涵泳性情的重要途经。从治平元年调任永州通判，到熙宁元年（1068）升任广南东路转运判官，周敦颐在永州的五个岩洞共计留下了九方题刻，堪称他在永州的打卡力作。

澹岩，在永州古城以南三十里潇水之滨的澹山脚下，传说秦始皇时代的一代贤人周贞实避世，曾居于此地。秦汉为世人熟知，唐朝时就有人以文章纪之。周敦颐从永州回故乡道州，行船可以泊靠澹岩附近。因此，这里成了周敦颐在永州题刻最多的岩洞，共有三方，时间最早的一方是治平三年（1066），内容如下：

> 尚书都官郎中、知军州事陈藻君章，尚书虞部员外郎、
> 通判军州事周敦颐茂叔，郡从事项随持正，零陵令梁宏、
> 巨卿，同游。治平三年四月六日题

道县月岩（蒋克清 摄影）

另两方均为治平四年（1067），一方内容为：

> 比部员外郎通判永州军州事周敦颐茂叔，治平四年二月一日，沿牒归舂陵乡里展墓，三月十三日回至澹山岩，将家人辈偕游。侄至，男焘，侄孙蕃侍。

一方内容为：

> 尚书比部郎中知军州事鞠拯道济，尚书比部员外郎通判军州事周惇颐茂叔，军事推官项随、前录事参军刘璞、零陵县令梁宏、司法参军李茂宗、县尉周均。治平四年三月十四日同游永州澹山岩。

不过，将周敦颐在永州留下的石刻放在一起来观看，我们可以发现，在周敦颐第二次到澹岩打卡之前，他还在家乡道州城南四里上关的含晖洞打卡。

治平四年二月一日，周敦颐携二子周寿、周焘和侄儿周立、侄孙周蕃一起回乡展墓，在家里待了一段时间。三月六日，他们到含晖洞游览，这一次是留下了两方题刻，一方内容为：

> 周敦颐、区有邻、陈赓、蒋瑾、欧阳丽，治平四年三月六日同游道州含晖洞。

一方内容为：

> 周敦颐携二子寿、焘归舂陵展墓，三月六日与乡人蒋

瓘、区有邻、欧阳丽、理揉陈赓同游含晖洞。

含晖洞取名于谢灵运"山水含清晖"诗句,为唐代道州刺史薛景晦开辟。薛景晦甚是看好这个岩洞,写信给被贬在连州任刺史的刘禹锡,请求为此洞撰文,刘禹锡回以《含晖洞述》。周敦颐慕名而往,兴趣盎然,故留下题刻。

而永州城外潇水西岸的朝阳岩,为唐朝元结任道州刺史时发现并命名。周敦颐在这里的题名刻最长:

> 荆湖南路提点刑狱公事、尚书职方郎中程濬治之,尚书虞部郎中、知军州事鞠拯道济,尚书比部员外郎通判军州事周惇颐茂叔,治平三年十二月十二日同游永州朝阳洞。

华严岩在永州城内东山郡学后,是永州近郊很出名的岩洞,历代题刻甚多。周敦颐在此有一方题刻,时间为治平四年,内容如下:

> 荆湖南路转运判官沈绅公仪,尚书虞部郎中知军州事鞠拯道济,尚书比部员外郎通判军州事周惇颐茂叔,治平四年正月九日,同游永州华严岩。

九龙岩在永州市东安县城以北一百里,位于古时永州到邵阳的官道旁。周敦颐又曾权守邵州,自永州前往邵州,途经九龙岩,也留下题刻两方,一方内容是:

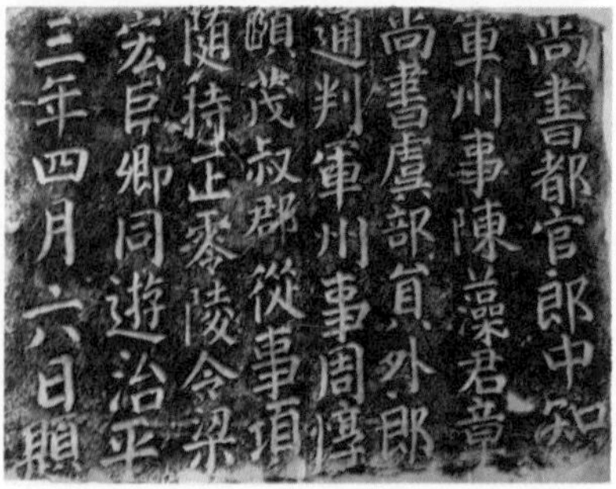

荆湖南路提点刑狱公事尚书职方
郎中程濬治之尚书虞部郎中知郴
州事朝拯道济尚书比部员外郎通
尚军州事周惇颐茂叔治平三秊十
二月朔二日同游永州朝阳洞

尚书都官郎中知
军州事陈藻君章
尚书虞部员外郎
通判军州事周得
颐茂叔从军项
随待正澪陵令杀
宏臣乡同游治平
三年四月六日题

治平四年五月七日自永倅往权邵守，同家属游春陵。
周敦颐记。

一方内容是：

熙宁元年五月五日，新广南东路转运判官朝奉郎尚书
驾部员外郎前通判永州军州事上骑都尉赐绯鱼袋周敦颐
上石。

后面这一方是赵抃荐举"广南东路转运判官"，再次经过九
龙岩所为。由于一同来此地玩耍的廉州军事判官蒋忱写了一篇《九
龙岩记》，请零陵县主簿张处厚书写内容，零陵尉韩蒙亨篆额，
邀请周敦颐上石，他欣然应允。可以说，这是一番难得的雅聚。
更有趣的是，题记时间为"五月五日"，恰为周敦颐 52 岁生日，
可见他在生活上自有一种幽趣，自命"风雅"，陶醉山水，从心
性中体会自然之乐。

除了九方题刻，周敦颐在永州任通判期间还留下了一篇千古
佳作《拙赋》，只有 65 个字：

或谓予曰：人谓子拙。予曰：巧，窃所耻也。且患世
多巧也，喜而赋之。

巧者言，拙者默；巧者劳，拙者逸；巧者贼，拙者德；
巧者凶，拙者吉。呜呼！天下拙，刑政彻。上安下顺，风清弊绝。

小文章，大道理："巧"者心术机巧，"拙"者道德纯一自守。

周敦颐以"拙"自况，将"拙"提升为一种政治理念，希望将其推行天下，以达到"上安下顺，风清弊绝"的政治局面。

在永州，周敦颐与舜帝前后相承，舜帝为先圣，周敦颐为后圣。朱熹说："宋兴，九嶷之下，舂陵之墟，有濂溪先生者作，然后天理明而道学之传复续。"明人章潢说："舂陵占零陵郡，山川之形胜有曰九嶷，曰濂溪，曰月岩。九嶷，舜帝所过化也；濂溪，元公所毓秀也；而月岩，又元公所悟太极之至妙者也。"舜帝和周敦颐堪称永州历史文化的双子峰。

17 蒋之奇

追慕元结和柳宗元的太常博士
——蒋之奇永州打卡记

○ 周 欣 洋中鱼

※ 打卡时间：北宋治平四年（1067）

※ 打卡地点：永州市道县

一

他姓蒋名之奇，出生于宋仁宗天圣九年（1031），卒于宋徽宗崇宁三年（1104），字颖叔，一作颍叔，北宋常州宜兴（今属江苏）人。历任福建转运判官，江西、河北、陕西副使，江、淮、荆、浙发运副使，潭州知州，广州知州，户部侍郎等职。

宋嘉祐二年（1057），北宋文学鼻祖，著名政治家、思想家欧阳修以翰林学士身份主持进士考试，蒋之奇与章衡、窦卞、吕惠卿、苏轼、苏辙、曾巩、曾布、程颢、张载、章惇等人成为同榜进士，可谓春风得意。

问题是，入仕之初，蒋之奇因为社会经验不足，立场不坚定，在朝廷党派的政治斗争中曾左右摇摆，甚至恩将仇报，诬告自己的恩师欧阳修，以致留下自己一辈子的人生污点。

个中原委，说来话长。

治平四年（1067）二月某日，刚刚即位不久的宋神宗，接到一份蒋之奇写的奏折，弹劾参知政事欧阳修，说其作风不正，与儿媳妇吴春燕有乱伦之丑闻，罪大恶极，要求处死欧阳修。

神宗大吃一惊：这个蒋之奇不是欧阳修门生并得到过他提拔的吗？为什么此刻反过来弹劾自己的老师呢？德高望重的欧阳修之前曾被人举报与外甥女张氏有丑闻，虽然被澄清了，但现在又被爆料与儿媳有染，难道他果真是一个无耻之徒？

神宗看了奏折之后，转问身边的资深宫臣、自己的老师天章阁待制孙思恭。

● 蒋之奇跋怀素《自叙帖》（台北故宫博物院 藏）

孙思恭答道："这是根本不可能的事。"

为了慎重起见，神宗就把蒋之奇的奏章转交给枢密院处理。

欧阳修获悉蒋之奇弹劾自己，接连上书《乞诘问蒋之奇言事札子》《再乞诘问蒋之奇言事札子》《封进批出蒋之奇文字札子·》《乞辩明蒋之奇言事札子》《再乞辨明蒋之奇言事札子》等，意思是：蒋之奇污蔑我私通儿媳，这是禽兽不为的丑行，天地不容的大恶。我如果做出了这种事情，是犯了大罪，愿意被诛杀；如果没有，就是蒙受了天下最大的冤枉，请求皇上为我昭雪并派人把这件事查清楚。

神宗接到欧阳修的几封奏折之后，就下诏枢密院，要蒋之奇拿出证据来。

蒋之奇一听，就慌了。原来他的上奏本来就是道听途说，哪来的证据？于是，只好说出此事是从中丞彭思永处听来的。

神宗很较劲，闻奏后又下旨枢密院把彭思永找来核实。

不料彭思永又说他是听来的，自己年纪大了，记不清是哪个讲的了，所以并无证据。

神宗咬定不放，经进一步查证，终于查清欧阳修乱伦之事纯属诬告。

原来，欧阳修的内弟薛宗孺，平时因与欧阳修有矛盾，便捏造流言蜚语，说欧阳修有淫乱行为。这流言蜚语不知怎么传到了中丞彭思永耳中，彭思永又告诉了蒋之奇。而蒋之奇未辨真伪，竟然以此为由上奏弹劾。

宋神宗弄清之后，大怒，斥责蒋之奇诬告行为，遂后连同彭思永一并贬职："降彭思永知黄州，蒋之奇监道州酒税。"

就这样，蒋之奇于当年正式打卡永州道县。

只是那可怜的欧阳修，由于门生的诬告，声誉也因此大受影响，几年之后就郁郁而终。

这应该是蒋之奇愧疚一辈子的事。

二

道州是一块神奇的土地，也曾是一块苦难的土地。

在蒋之奇被贬谪来道州（今湖南道县）之前的唐代宗广德元年（763）和永泰二年（766），著名诗人元结曾两任道州刺史。

甫抵道州，元结根据自己所见所闻，以诗歌记录历史，写下了流传千古的两首诗歌《舂陵行》和《贼退示官吏》，如同两张底片，给了人们永恒而酸楚的记忆。

元结对奇异山水情有独钟，每到一处游览，就要写铭记，而且写了之后，又要刻石，使之成为景观。在任期间，他还游览了九嶷山无为洞、江华阳华岩和寒亭暖谷、道州的右溪和五如石，在往返潭州与道州之间，发现并命名了浯溪和朝阳岩，并为这些地方写了不少铭文和诗歌，并且大多刻石，使之成为天下驰名的人文景观。

蒋之奇没想到三百零四年后，自己会来到元结曾经仕职的道州。作为熟读唐文的才子，他也是元结的铁杆粉丝。

从《蒋之奇年表》来看，他于熙宁二年（1069）王安石秉政时出任福建转运判官，照此推算，他在道州待了大约两年。但就在这短短的两年内，他追寻元结的脚步，游览了九嶷山无为洞、阳华岩、寒亭暖谷、朝阳岩，此外，还去过澹岩，并在这些地方都留下了石刻。

据《永州金石略》和《九嶷山志》等古文献记载，蒋之奇在永州有 12 方石刻，分别是：九嶷山 4 方、阳华岩 1 方、寒亭暖谷 2 方、奇兽岩 1 方、朝阳岩 2 方、澹岩 2 方。

九嶷山是舜帝长眠之地，也是历代帝王和文人雅士朝圣之地。蒋之奇留在九嶷山的四方石刻内容如下：

1. "无为洞"三字。《九嶷山志》："治平四年，沈绅、蒋之奇游此，取元次山'无为洞天'四字，正其体，篆刻诸岩窦，而纪于石。"

2. 《碧虚岩铭》："潇水之阳，九嶷之谷。清池涵镜，乱峰插笏。……谁其爱之，义兴颖叔。"

3. "九嶷山"题名。《九嶷山志》："在紫虚洞。"

4. 《赠黄冠何仲涓诗》。《九嶷山志》："在舜祠右石壁。"

在这四方石刻中，《碧虚岩铭》一方还存在一些悬疑：因为字迹磨泐，《金石补正》考订为"治平丙午"，但经检索，治平年间无此纪年，疑为"甲午"，即治平三年（1066）。

问题就产生了：这意味着蒋之奇初到永州的时间为治平甲午（1066），而事实上这一年蒋之奇还在京城任殿中御史，怎么会跑到道州来呢？再者，与他同行的沈绅，史料记载："字公仪，会稽人。宝元元年进士，治平四年以尚书屯田郎中为荆湖南路转运判官。"

也就是说，沈绅也是治平四年（1067）来湖南任职的，他也不可能跟蒋之奇一样，提前一年跑到永州来，所以，这方石刻的准确时间还有待进一步考证。

江华的阳华岩是元结率先发现并命名，作为元结的铁杆粉丝，蒋之奇自然要来朝觐。北宋治平四年，他留在这里的题刻内容是：

> 阳华岩，江华胜纪之地也。元结次山为之作铭，瞿令问书之，刻石在焉。自□□以还，不遇真赏者二百年于今矣。之奇自御史得罪，贬道州，是冬来游，爱而不忍去，遂铭于石间。

在距离阳华岩不远之处，有寒亭暖谷，也因元结作《寒亭记》而驰名。同一年，蒋之奇循迹而来，同样为这里的风景痴迷，因此留下诗刻一方：

暖谷铭

蒋之奇

> 惟时有寒，寒不在夏。夏而寒者，兹亭之下。
> 惟气有暖，暖不在冬。冬而暖者，兹谷之中。
> 物理之常，不以为异。惟其反之，是以为贵。
> 兹亭兹谷，寒暑相配。廖廖千年，始遇其对。
> 名自天得，待人而彰。我勒此铭，万古不忘。

此外，他还写有《寒岩铭》一文，刻在寒亭上。因为遗失，南宋时江华县令虞从龙重刻。

　　游了寒亭暖谷之后，蒋之奇与朋友接着来到了附近的奇兽岩。在奇兽岩，蒋之奇听说元结未曾来过，为他感到遗憾。在蒋之奇看来，如果当年元结从寒亭暖谷移步至此，一定会有一篇铭文问世。既然元结没有为奇兽岩留下铭文，那么，自己不妨留下一篇。为此，他还写了序言：

奇兽岩铭并序

蒋之奇

　　奇兽岩俗曰狮子，在江华邑南二里，蒋之奇颖叔过而爱之，为之作铭曰：

> 奇兽之岩，环怪诡异。
>
> 元公次山，昔所未至。
>
> 我陪公仪，游息于此。
>
> 斯岩之著，自我而始。
>
> 勒铭石壁，将告来世。

三

　　永州与道州一水相连，相距不远。秦汉以降，官员从京城去道州必经永州，因此，两地官员交流的机会也多。

　　朝阳岩位于永州古城的潇水西岸，同样为元结所发现并命名。这里江面比较开阔，风景十分秀美，蒋之奇在这里留下题刻和诗刻各一方，题刻的内容是：

蒋之奇《奇兽石铭》拓片（郑万生 摄影）

鞠拯、项随、安瑜、巩固、李忠辅、蒋之奇，治平四年丁未秋九月，游朝阳岩。

也就是说，蒋之奇是跟时任知军州事鞠拯、永州推官项随等人一起到朝阳岩的。

诗刻《游朝阳岩遂登西亭并序》，内容颇长，但反映出蒋之奇对唐代的元结和柳宗元充满仰慕之情，他追寻元结的脚步来到这里，又效仿柳宗元在这里留下了一方诗刻。诗刻之前，又借鉴元结作《朝阳岩铭有序》，可谓融两位大家文风于一体。

如果说在蒋之奇和其他宋代以后的文人眼里，到了寒亭暖谷的元结没有涉足近在咫尺的奇兽岩是一大遗憾，同样，在永州待了十年去了黄溪的柳宗元没有涉足澹岩，也是一大遗憾。

到了永州，蒋之奇就不会让自己留下这样的遗憾。在蒋之奇到达之前，宋代已有李建中、潘夙、柳拱辰、尹瞻、卢臧、俞希孟等人打卡澹岩，并留下了各种石刻。

关键是，这些人大多也在朝阳岩等地留下了石刻。蒋之奇到了朝阳岩，自然会循迹去澹岩。

蒋之奇在澹岩留有两方石刻，一方是熙宁元年（1068）的《澹岩》诗刻，其中有"零陵水石天下闻，澹山之胜难具论""次山子厚爱山水，探索幽隐穷晨昏"等句子。

另一方是《澹山岩题名》，内容是：

> 澹山岩，零陵之绝境，盖非朝阳之比也。次山往来湘中为最熟，子厚居永十年为最久。二人者之于山水，未有闻而不观、观而不记者，而兹岩独无传焉，何也？岂当时隐而未发耶？不然，使二人者见之，顾肯夸其寻常而遗其卓荦者哉？物之显晦固有时，何可知也？蒋颖叔题。

《永州金石略》后面没有注明具体时间，但根据《蒋之奇年表》记载，应该是他在永州期间所为。

蒋之奇被贬谪道州时才三十六岁，按道理正是人生有所建树的黄金阶段。

在永州短短的两年里，蒋之奇追寻元结和柳宗元的足迹，游历了永州的山水胜迹。由于他工于书法，尤工篆书，作品有苏轼、黄庭坚笔意，后来的传世墨迹有《随往法济帖》《辱书帖》《北客帖》等，所以，在永期间也留下了12方摩崖石刻。

蒋之奇在政治上原本是一个投机分子。在京城时，不惜诬告老师欧阳修。

奇怪的是，他的"同学"、大名鼎鼎的苏轼一向疾恶如仇，却不知什么原因，跟蒋之奇关系十分密切。蒋之奇曾邀请苏轼到自己家乡去玩，苏轼也留下许多有关蒋之奇的笔墨，仅诗就有九首。

也许是蒋之奇被贬谪道州、追寻元结足迹之后已幡然悔悟，他痛心疾首改头换面重新做人，后来在其他地方任职时都留下了很好的口碑。

也许是苏东坡天性豁达，见蒋之奇洗心革面，也就原谅他早年诬陷恩师的事。

不过，从蒋之奇在永州留下的这些石刻中可以看出，他在永州寓居的两年里，交往甚广，借用刻石发"朋友圈"的形式以求得朝中奥援，能为他在吸引文人墨客的基础上发挥影响，以期引起官方关注，从而为自己的政治晋升蓄势。

幸运的是，蒋之奇最后如愿以偿。从宋代文人风气的角度而言，他在永州的刻石确实引起了后来文人的关注。例如，蒋之奇《寒岩铭》，即为南宋时江华县令虞从龙所重刻。"治平丁未十月，陪沈绅公仪游，蒋之奇颖叔作。右铭元刊于寒亭之上，年深字浅，几不可读。既新泉亭，得没字碑于岩左，意昔为斯铭设也，乃徙刻之，且以彰二公爱赏之志云。后治平一百二十有四载，邑尉西隆虞从龙、俾邑人李挺祖（下泐）……"

而蒋之奇《朝阳岩西亭诗》，也在元祐四年（1089）为宋代张绶所重刻。

这意味着，蒋之奇题名刻石，并不仅仅是单纯的吟诗作赋。相反，他刻意追寻元结，这应与他所处的特殊环境有关，特别是元结在澹岩没有留下任何遗迹之事，却被他认为是"岂当时隐而未发耶？"。

换言之，借由当地名流的政治力量，凝聚不同的"山水之乐"的体验，展示自己的翰墨之才，能吸引更多文人墨客不断书写、塑造、衍生。而在这种传诵的互动关系中，蒋之奇在学界与政界的影响也会与日俱增。

很显然，蒋之奇题咏刻石之举，不无"彰名求进"的嫌疑，带有强烈的政治功利目的。即便如此，他在永州留下的石刻，也为永州本土历史文化注入了新的活力。

道光《永州府志》评曰："蒋之奇、邢恕自外于君子，且与常立钟传皆谪郡，属无善政可纪，又不合流寓之例，故第杂见《金石略》中。"

18 范纯仁

那风中荷花如同他当年的蹒跚背影
——范纯仁永州打卡记

○ 洋中鱼

※ 打卡时间：宋绍圣四年（1097）冬
※ 打卡地点：零陵

一

仲夏季节，蓝天白云，阳光明媚。永州三中内恩范堂前池中的荷花开了，在风中轻轻摇曳，如同一个人当年在永州留下的蹒跚背影。当我对着池子里的荷花拍照时，却看见一个人衣袂飘飘凌波而来……

这个人便是北宋大臣，人称"布衣宰相"的范纯仁。

提起范纯仁，很多永州人都不知道。这也难怪，因为他是一个官二代，他的父亲比他更牛，名气更大，那就是官至参知政事（相当于副宰相）的范仲淹。

范仲淹是北宋著名的思想家、政治家、军事家、文学家和教育家。他那篇《岳阳楼记》，里面的"先天下之忧而忧，后天下之乐而乐" "不以物喜，不以己悲"以及词作中的"明月楼高休独倚，酒入愁肠，化作相思泪" "羌管悠悠霜满地，人不寐，将军白发征夫泪"等等，都是千古名句。

范仲淹共有四子三女，其中两个儿子（老二范纯仁、老三范纯礼）后来当了宰相，一个当过侍郎（老四范纯粹官至户部侍郎）。老大范纯祐本来也有才华，但为了回避，等范纯仁退休后才出来任司竹监。

● 《宋史列传第七十三·范纯仁》记载

对于自己的儿子，范仲淹是这样评价的：（仲淹尝谓诸子）纯仁得其忠，纯礼得其静，纯粹得其略。

范纯仁仅次于长兄范纯祐。由于父亲光芒万丈，导致同样才华卓越、担任过宰相的范纯仁，通常被人们所忽视了。

二

范纯仁出生于宋天圣五年（1027）六月，出生地为南京应天府（今河南商丘）。

《宋史列传第七十三·范纯仁》载曰："其始生之夕，母李氏梦儿堕月中，承以衣裾，得之，遂生纯仁。"

我感觉这种记载好有传奇色彩：范纯仁出生的那天晚上，母亲李氏梦见一个小孩从月亮中坠落下来，她赶忙以裙子接着。梦一醒来，紧接着一阵腹痛，然后生下了范纯仁。

中国古代的历史文献和小说中，常有这类超乎常人逻辑的记载，令人难以置信，但又不得不信。

出生时有异象，成长时自然非同凡响。史载他天资聪颖，八岁时，就能将老师所教的那些晦涩文章倒背如流，还能讲出一个子丑寅卯来。因为爱动脑筋，学业良好，自然得到老师们的喜爱与推崇。

十一岁那年，母亲撒手人寰，范纯仁鼻涕眼泪齐下，哭得比大人还伤心，以至于在场的亲友们都夸他：这个孩子懂事！

范纯仁十七岁那年，突然被朝廷任命为太常寺太祝。

这虽然是一个未入流的正九品小官，但在常人眼里，还是很了不起的。

不过，范纯仁听说有人背后讲闲话，说范仲淹的次子是靠关系弄到太常寺去的。这话让他倍感羞愧。他说："赖恩泽而生，吾耻之。"意思是靠老子的背景当上这个小官，实在是一种羞耻。

男人的自尊心都比较强。范纯仁希望凭自己的本事考取进士，然后凭借自己的聪明才智去报效国家。于是他"昼夜肆业，至夜分不寝，置灯帐中，帐顶如墨色"。之后，满怀信心地去参加科举考试。

有志者，事竟成。宋皇祐元年（1049），范纯仁高中进士。

分工时，朝廷决定派他到常州府武进县当知县。范纯仁却以远离亲人，父亲身体不好，无法尽孝为由，而不去赴任。

朝廷看在老范的面子上，不久后改派他为许州府长葛县知县。这里离家近多了，但他仍然不愿前往。

直到皇祐四年（1052），六十四岁的父亲范仲淹因病去世后，他又守孝三年，才出仕为官。

三

从开封府襄邑知县，到侍御史、京西陕西转运副使，从同知谏院，到和州、庆州、齐州等地知州，从吏部尚书、尚书右仆射兼中书侍郎，到知颍昌府、知河南府、知陈州、知随州……

从年轻到年老，范纯仁在官场一路走来，似乎并不顺利，路上有太多太多的坎坷与辛酸。

而这一切，都与他的家风和个性有关。

右仆射实际上就是宰相。在位时，范纯仁每次推荐人才，必须是天下公众议论认可的。举荐之后，他又不愿意让对方知道。

有人笑他：你这个伙计，当了宰相举荐人才时怎么不把他们归纳到自己的门下呢？将来可以让他们为你效力啊！

范纯仁答道：只要朝廷用人不遗漏正直的人，为什么一定要让他知道是我所推荐的呢？

这种口气，是不是显得有些迂腐？没办法，谁叫他是范仲淹的儿子呢？

宋觐文殿大学士尚书右丞谥忠宣范纯仁

敕历四朝
敕陈八事
一生受用
忠恕二字

● 范纯仁石刻像

范纯仁常说："吾平生所学，得之忠恕二字，一生用之不尽。"无论是在朝廷侍奉君王，还是交结同僚朋友，和睦宗族等，他克己复礼，始终坚守"忠恕"二字。

范纯仁性格温和，平易近人，从不疾言厉色对待别人，但在大是大非问题上却敢于坚持己见，决不屈从。从布衣到宰相，他廉洁奉公，始终如一。

元祐八年（1093）九月，高太后崩逝，宋哲宗赵煦亲政，重用神宗变法时的重要人物章惇，封他为宰相。章惇上任后，大力打击元祐大臣，追贬司马光，并贬谪宰相吕大防以及大臣苏轼、苏辙等旧党于岭南。

年届古稀的范纯仁看不惯，就站出来给章惇提意见，并上疏哲宗。章惇见他为吕大防、苏轼等人讲公道话，岂能容他？于是，撺掇哲宗将范纯仁贬到湖北随州。范纯仁到了那里屁股还没有坐热，不到一年，再被贬到湖南永州。

《宋史列传第七十三·范纯仁》载曰："又贬武安军节度副使，永州安置。"

当时范纯仁的两个儿子范正平、范正思对父亲的身体状况十分担心，建议他向皇帝求情，以免除此次辛劳之旅。

范纯仁却摇头拒绝，说："我家世世代代蒙受皇上的恩典，现在事情已经到了这个地步，没有一个人肯向皇上上书言事。如果皇上能够回心转意，关系不小；如果皇上不同意，果真得罪皇上，获罪而死，又有什么可遗憾的呢？"

于是，令家人收拾东西，一家老小，扶老携幼，踏上南下之路，正式打卡永州。

四

湘水如绸，思绪似帆。

从长江入洞庭，溯流而上。一路上，年届古稀的范纯仁想了很多，有一种后来李清照所描述的"载不动，许多愁"的味道。

是啊，他们父子，还有四兄弟，为大宋付出的太多太多，可是又得到了什么呢？

在两个儿子的陪同下，他一脚踏上永州这块土地，心里顿时涌起无限感慨。

永州是一座文化厚积的城市，也是一座香火缭绕的城市。

城内的东山，虽然海拔不高，但却是永州的一座文化大山。东山南麓有三国蜀相蒋琬的故宅龙兴寺，有三国时期东吴大将吕蒙掘出来的水井——吕虎井，有纪念为守城而战死的唐末刺史唐世旻而建的灵显庙和万寿寺，东麓有唐代永州本土僧人、后被誉为"草圣"的大书法家怀素年轻时栖居的绿天庵，以及府学宫、县学宫，等等。

这些地方庄严而神圣，令人向往和景仰。

山上山下那些寺庙，是老百姓去得最多的地方，故而大多香火旺盛。而在众多的寺庙中，万寿寺很出名，它原名法华寺，始建于中唐，宋代才改名。

在范纯仁寄居该寺西轩之前，唐代著名思想家、改革家和文学家柳宗元谪居永州十年，常来这里与僧人觉照等人交流，还出资建造西亭，并写下了六篇与法华寺有关的诗文。

或许，当范纯仁住进万寿寺西轩之后，在寺院的一些角落，感受到了柳宗元在此留下的余温。

从万寿寺出来，沿着山脊往东走不远，有一座岩洞，名叫华严岩，那里有柳宗元《法华寺石门精室三十韵》的石刻，旁边有柳宗直题名刻。

住在万寿寺西轩，站在华严岩石刻前，以及走进旁边永州知府柳拱辰建于仁宗至和三年（1056）的柳子祠堂，读到四十多年前柳拱辰的《柳子厚祠堂记》，范纯仁十分惊讶柳宗元在永州的影响力，于是想起了柳宗元的民本思想，想起了他在永州十年所留下的大量文学作品，仿佛穿越时空，跟柳子相会。再想到潇湘二水交汇处的潇湘庙，以及自己的人生经历，回去之后，便写下一首诗《谪居零陵》：

> 过尽潇湘景，冥行固不分。乌羊殓可饮，白酒饮能醺。
>
> 自息登临兴，因无出入勤。灵妃曾鼓瑟，信有尚堪闻。

五

范纯仁在永州三年，根据《永州府志》记载，他历经了两个权知军州事：刘蒙和毕卿。前者是抚州临川人，元符二年（1099）到任，只干了一年；后者不知何处人氏，元符三年（1100）接任。两人对于范纯仁这样的朝廷元老级人物，不敢管束，所以，范纯仁在谪居永州的三年，有妻儿相伴，倒也自在自如。

东山的府学宫前的山坡下，有一片开阔地，相传三国时期蜀国大将张飞取零陵时曾在此点将，故有"张飞点将台"遗址。初唐永州刺史李衢曾于此模仿长安的芙蓉园修建了一个芙蓉馆，馆内掘一大池，种了荷花，周围古树掩映，风景颇为秀美。因为池子位于城南，临近零陵县衙，故人称"南池"。

柳宗元谪居永州东山龙兴寺时，曾陪时任刺史来此游览，写下一篇《陪永州崔使君游宴南池序》，看见的景象是"连山倒垂，万象在下，浮空泛景，荡若无外。横碧落以中贯，陵太虚而径度。羽觞飞翔，匏竹激越"。

两百多年后，范纯仁循迹而来，同样爱上了这里的秀美风景，特别是那池中的荷花，让他想起了自己的父亲，以及跟父亲交往颇多的周敦颐。

周敦颐是永州相邻的道州人，大自己十岁。景祐四年（1037），父亲范仲淹从知饶州改知润州。范仲淹与周敦颐的好友僧寿涯相识多年，彼时，周敦颐正在润州鹤林寺为母亲守丧。僧寿涯牵线，介绍二人相识。父亲忧国忧民的思想，对周敦颐影响颇大。

治平元年（1064），周敦颐移任永州通判，任职将近四年。在永期间，周敦颐写下了只有60余字的超级短文《拙赋》。跟他的《爱莲说》和《太极图说》一样，在全国广为流传。

遗憾的是，当范纯仁来到永州时，周敦颐已经谢世二十五年，逝时年仅五十七岁。

迈着蹒跚的步伐，望着池中荷花，于心中缅怀父亲和周敦颐，再想到朝廷的事务，以及被流放在外的诸多贤臣，范纯仁的心情显得有些沉重。

荷花带给范纯仁许多联想，他也就常来这里散步游玩。尽管留给身边人的是一个蹒跚背影，但他的心灵却得到了很大的慰藉。

他万万没有想到，四十年后，宋朝的另一位宰相张浚前后两次谪居永州。

相似的遭遇，相似的情感，令人唏嘘不已。

张浚的儿子张栻为了纪念范纯仁，在此建"恩范堂"，后来有了"恩院风荷"（或称"恩范风荷"）的雅称，成为"永州八景"之一。这当然是后话。

酷暑消退不久，池中的荷花也就渐渐凋零。

秋，也蹑手蹑脚地来了。

● "永州八景"之一"恩院风荷"

"遥知兄弟登高处，遍插茱萸少一人。"秋，是最容易勾起人们思念的季节。在秋风秋雨中，人们对亲人的思念也就倍加强烈。

望着绵绵秋雨，想到中秋团圆，范纯仁忽然想起自己的弟弟妹妹来，于是挥毫写下一首《零陵忆弟妹》：

> 感秋怀弟妹，憔悴客潇湘。他日常星聚，衰年隔雁行。
>
> 既盲难引望，垂老易悲伤。安得骑鸿鹄，高飞向汝傍。

六

秋去冬来，人雁南飞。

"人"字雁阵，掠过东山之巅，发出一阵阵鸣叫，顿时勾起了范纯仁人在异乡的那份思亲之情。

作为家中的老二，下面还有好几个弟妹。虽然两个弟弟官位不低，但同样历经坎坷，不知道他们和各位子侄现在可好？

想到这里，范纯仁转身回房，挥笔写下《零陵寄三弟五弟二首》：

其一

> 勿起还乡念，囊空不易居。田租收素薄，官俸夺无余。
>
> 颜困尝求米，丘贫乐饭蔬。朱门启新第，悬罄是吾庐。

其二

> 勿起还乡念，人多故与亲。旧通乡里意，皆仰俸余缗。
>
> 望众诸家息，情须一饭伸。谁能悠久坐，白眼绝朋宾。

除了对亲人的思念，还有一种担忧也隐隐泛起，那就是自己的身体状况越来越糟糕。

大约是思念过度，流泪过多，范纯仁的视力越来越差，好多事物都看不清楚了，特别是黄昏时，他看见自己的儿孙在身边进进出出，都是模模糊糊的人影，以至于叫错人。

儿孙们看到这种情况，就劝他换一个地方居住。他想起柳宗元谪居永州时，也曾从城内的龙兴寺迁居到城外愚溪之滨，而且迁居之后，人的精神面貌焕然一新。于是，就答应了。

在儿孙们的张罗下，范纯仁按照当地习俗，选择吉日良辰，终于搬到了一个新地方居住。为此，他还写下一首《零陵移居》：

> 不起移居念，全因废两眸。门间俱莫辨，隘陋亦何忧。
>
> 暝鸟离巢远，盲龟待木浮。平生安稳少，盖乏措身谋。

迁居后，他就静下心来，继续修订父亲遗留的《义庄规矩十三条》。

范氏义庄在苏州吴县的老家，是父亲范仲淹于皇祐元年（1049）创办的。范纯仁在十三岁之前，常听母亲讲父亲的励志故事：因为出身贫寒，父亲读书时经常以粥果腹。为了节省，他每晚用少量小米煮粥，隔夜待粥凝固后，用刀切为四块，早晚各食两块，再用一些腌菜佐食，因而留下"断齑画粥"的传说。

范仲淹在地方和中央都当过官，晚年捐献毕生大部分积蓄，在家乡购置良田千余亩，设立义庄。外放收取的租金，用来救助和激励宗族内部的苦难者，类似于今天的慈善机构，故此以"义"

为名。

父亲订立的《义庄规矩十三条》，赡济的内容包括口粮、衣料、嫁娶费用、丧葬费、科举费，此外还有义学、房屋借居、借贷等，几乎涵盖族人日常生活中的所有问题。

父亲去世之后，随着时代的变迁，有些章程和规矩已经过时，不适应当时生活，因此需要每隔一段时间进行修订。

范纯仁前后修订了五次，这次修订的重要内容有两条：第一，子弟前去参加科举考试的，领钱十贯，再次赴考的减半。领钱不参加考试的，追缴。第二，子弟品行、文品出众而充任教师者，学生满十人，每月领糙米五石；学生满八人，领糙米四石；学生不满六人，领糙米三石。

在范纯仁看来，这样的修订体现了父亲重视教育和人才培养的一贯思想。

七

三年千日，一晃而过。

范纯仁在永州居住的三年，东山向他展现了一幅四季长卷：

蓝蓝的天空，洁白的云朵，高大的树木，林间的生灵，恢宏的寺庙，悠扬的钟声，构成东山鲜活的表情。

春天的嫩芽，夏日的艳丽，秋季的果实，冬岁的白雪，无论季节怎么变换，东山都是一副生命涌动的模样。

范纯仁在永州居住的三年，潇水向他播放了一首天籁之音：

河水在滩头哗哗流淌之声，节奏有序的欸乃声，余音缭绕的渔歌声，鱼儿跃出水面复又落入水里的声音，组成潇水的四重奏。

船上渔翁撒网，水面鸬鹚飞掠，水里人们畅游，码头妇人捣衣，无论时间定格与否，潇水都是欢乐一片。

据《宋史列传第七十三·范纯仁》记载：居三年，徽宗即位，钦圣显肃后同听政，即日授纯仁光禄卿，分司南京，邓州居住。遣中使至永赐茶药，谕曰："皇帝在藩邸，太皇太后在宫中，知公先朝言事忠直，今虚相位以待，不知目疾如何，用何人医之。"纯仁顿首谢。

对范纯仁来说，宋徽宗赵佶的圣旨是一份姗姗来迟的关爱。

大宋元符三年（1100）正月，宋哲宗逝世，其弟赵佶继位，史称宋徽宗。

赵佶坐上皇位的当天，就下旨恢复范纯仁官职，授光禄卿，分管南京，居邓州。听说范纯仁眼睛有病，视力不好，他还特意派人到永州赐茶、药。

皇恩浩荡，范纯仁叩首谢恩。随后，怀着依依不舍的心情，带领家人登上北归的客船。他们顺流而下，过洞庭湖，入长江，溯汉江而上，到襄阳，然后转走陆路，到达河南邓州。

一路上，范纯仁心潮澎湃，他很想继续为大宋效力，无奈双目有疾，还有其他疾病缠身，不能任职，只好请求回许州养病。

徽宗无奈，只得同意。徽宗在朝会上当着百官的面，感叹道："范纯仁，得见一面足矣！"

这些话传到范纯仁耳里，令他感激不已，无奈已到风烛残年之际，连御医对他的病也束手无策。范纯仁知道自己末日在即，就将儿子叫到床前，口述遗表，对朝廷大事建言献策。

一个早晨，他接受家人之贺。第二天，在熟睡中仙逝，享年七十五岁。

黄魯直像

19 黄庭坚

拂石弄潺的书法大家
——黄庭坚永州打卡记

○ 丁国婧　洋中鱼

※ 打卡时间：北宋崇宁三年（1104）

※ 打卡地点：祁阳、零陵

一

江湖秋水多风浪，文才卓绝遭嫉恨。千百年来，似乎所有的文人都有遭逢苦忧的经历，正如杜甫在诗中所说："文章憎命达，魑魅喜人过。"一个人痛苦的时候很容易变得才华横溢，但往往情感所向，能把自己从痛苦中抽离的人并不多。黄庭坚就是这样一个清醒的人。

黄庭坚生于书宦世家，祖上或官籍显赫，或藏书万卷，少时便能诵读《春秋》，面对其师所说的"《春秋》不足为读"，黄庭坚坦然对曰："既曰经矣，何得不读？"儿时的聪颖，深得其祖父黄湜的喜爱，跟着祖父学习书法，少时又得母亲李氏与舅舅李常的悉心教导，博览群书，研读百家经典。

就是这样一个底蕴充足的人，担任国子监教授，诗文成绩斐然，他的才情名声逐渐流传开来，连苏东坡也赞叹不已。在泰和、德平主政期间，黄庭坚的为政之道就如这两个地名一般，清廉泰和，刚正从容。在司马光的举荐下，黄庭坚留职京师，担任过起居舍人，也编修过国史，这似乎就是他最好的去处。

身为一个如此清风明月的人，该来的总会来的。

去国六年中，被贬谪巴蜀黔戎。章惇、蔡卞与其党羽认为《神宗实录》多诬陷不实之词，黄庭坚因此

● 黄庭坚朝阳岩题刻

被贬为涪州别驾，安置黔州。后因避亲属之嫌，于是移至戎州。黄庭坚对此像没事一样，毫不介意。从来到西南的那一年起，黄庭坚的仕途一直不畅。陆游的《叙州·无等院山谷故居》诗云：

文章何罪触雷霆，风雨南溪自醉醒。

八十年间遗老尽，坏堂无壁草青青。

北宋崇宁二年（1103），湖北转运判官陈举上奏黄庭坚所撰《荆南承天院碑》语涉谤讪，导致黄庭坚被贬广西宜州。在去往更远的路上，似乎与苏东坡冥冥之中有了相似之处，一路向南，所到

卑湿之处，却能把清风明月一同带去。崇宁三年（1104），黄庭坚自长沙、衡州经永州，三月己卯在浯溪，三月辛丑在愚溪、朝阳岩，均有题刻，与永州结下了诗文善缘。

二

这一年，黄庭坚带领着一家老小，乘舟从鄂渚出发，经过长江、洞庭湖，逆着湘江，水路风波一路向南，自衡州进入永州祁阳。相比西南，湘南似乎是真正"黄芦苦竹绕宅生"的地方，西汉贾谊就曾屈于长沙，心伤抑郁，英年早逝，永州只不过是更偏远的苦地罢了。

也许在黄庭坚看来，卑湿之地并不可怕，可怕的是不情愿的内心。永州有舜帝南巡的传说，苍梧之野是他在书中读过的地方；有前人留下的《大唐中兴颂》，元次山是他想为其挥毫落纸的人；有雨打芭蕉的读书夜，有潇湘夜雨的清淑气。黄庭坚在永州待了整整五十三天，留下诸多诗文，追寻前人的足迹，写下了与浯溪、元结等相关的诗文，是唐宋前辈的跟帖，是难得的遗风。

永州历代以来，多有人在此经过留笔，在这所有人之中，黄庭坚是才情名声数一数二的人物，留下的诗文里，或咏前人遗风，或赞潇湘山水，都带着江西诗派风格，始终与所学相伴而行。在《大唐中兴颂》后跟帖的黄庭坚，在来到永州之前就已经"文崇次山"，加之是书法大家，见过许多此碑的拓本，对《大唐中兴颂》的内容与书法面貌多有研究。如今有机会途经浯溪，乘船往之，只为一览，真正见到原碑，黄庭坚素来温润的内心也激起了波澜，写下了这首追思古人、诗书俱佳的《书摩崖碑后》，少有跟帖也如此大气，黄庭坚在此也给他自己添上了文人坚毅的品格：

　　春风吹船著浯溪，扶藜上读《中兴碑》。

　　平生半世看墨本，摩挲石刻鬓成丝。

　　明皇不作苞桑计，颠倒四海由禄儿。

　　九庙不守乘舆西，万官已作鸟择栖。

　　抚军监国太子事，何乃趣取大物为？

　　事有至难天幸耳，上皇跼蹐还京师。

　　内间张后色可否？外间李父颐指挥。

　　南内凄凉几苟活，高将军去事尤危。

　　臣结春秋二三策，臣甫杜鹃再拜诗。

　　安知忠臣痛至骨，世上但赏琼琚词。

　　同来野僧六七辈，亦有文士相追随。

　　断崖苍藓对立久，冻雨为洗前朝悲。

　　客舟蓬头、断崖藓边，黄庭坚久久地沉默着，只有久久沉默不语，才符合他沉着温润的诗书底蕴，而坚毅与痛骨的情怀是他掩埋在表面的平静之下的，这种"安知痛至骨"的感情往往可追溯得更远，也离前朝更近。

　　春季里的浯溪山水，恍若画图，黄庭坚为此还写了一首诗歌《浯溪图》：

　　成子写浯溪，下笔便造极。空蒙得真趣，肤寸已千尺。

　　只今中宫寺，在昔漫郎宅。更作老夫船，樯竿插苍石。

● 黄庭坚《书摩崖碑后》拓片（潇湘意提供）

作为元结的崇拜者，浯溪对黄庭坚来说，具有太大的魅力，他一连三天流连于此地，除《书摩崖碑后》和《浯溪图》外，还作有《答浯溪长老新公书》一诗和《书次山欸乃曲二首并跋》《书陶靖节诗》《东崖题记》题刻。从落款看，每次陪伴的人各有不同，而这些人的名字，都分别被他写进不同的诗文题记中，总共达二十人之众。

三

如果说相伴于皇帝身边是书香世家之人的最好归宿，黄庭坚在皇帝身边做起居舍人是最好不过的了，饱读诗书之人配得上内史之德。黄庭坚幼年时期虽然父亲早逝，但这并不影响他在书斋里浸润诵读，舅舅李常与母亲李氏的教导，培养了黄庭坚一种沉着的气质，不卑不亢，即使在元祐党争之中逢难，也丝毫不影响他为人的底色。这样的人不仅可以高居庙堂，流连自然之中也会显得光风霁月。

迁居宜州的路途似乎已经成为黄庭坚追求自然的旅途，原本为何去宜州，过永州对他来说是不重要的。但既然来了，也不妨到处看看。

城内的太平寺，原是三国蜀相蒋琬故居所在，零陵人为纪念他曾建蒋琬公祠。到唐代改祠建寺，更名龙兴寺。柳宗元贬谪永州司马时，曾寄居于此，撰有《永州龙兴寺东丘记》一文，称赞："永之佳寺也。登高殿可以望南极，辟大门可以瞰湘流。"宋元丰四年（1081），郡守李杰请示朝廷，又改名太平寺。黄庭坚来到永州，心情与当年柳公颇为相似，某个傍晚，在一个名叫曾纡的人陪同下，登临其上并留下一首《太平寺慈氏阁》：

> 青玻璃盆插千岑，湘江水清无古今。
>
> 何处拭目穷表里，太平飞阁暂登临。
>
> 朝阳不闻皂盖下，愚溪但见古木阴。
>
> 谁与洗涤怀古恨，坐有佳客非孤斟。

在太平寺慈氏阁的高处，眺望潇水对岸的朝阳岩、愚溪和西山，然后联想到历史人物元结和柳宗元，再想到山水依旧而贤人已逝，瞬间心生悲凉。诗人进而想到自己人生失意、抱负落空、前程无望，虽有佳客结伴登高，斟酒浇怀，也自觉难以浇灭这百结千愁。

游历自然走出书斋能见另一番景象，读书之人若遇到山川草木、瑰怪石岩，必会跋涉一见，险远之地非有志者不能至。永州自古以来就是原始自然风貌一直被保留得比较好的地方，山崖之处多有文人墨客前来留文打卡，黄庭坚也不例外，自然与诗文最好的结合就是碑林，也许这是不同时空的诗书之人的相遇、相逢、相会。"澹岩秋月"便是黄庭坚在永州赶赴的一个诗文宴会，前见古人，长久驻足留下笔墨，也是在等后来者。

> 澹山澹姓人安在，征君避秦亦不归。
>
> 石门竹径几时有，琼台瑶室至今疑。
>
> 回中明洁坐十客，亦可呼乐醉舞衣。
>
> 阆州城南果何似？永州澹岩天下稀。

夏凉冬暖，僧定清馨，春树仙家，在千年以前，黄庭坚在澹岩之下，见月光之色淡淡散落，岩中坐明洁，便用"天下稀"三个字表达了此处未显于天下的感叹。只因这一句"永州澹岩天下稀"，人有知音，山也有了知音。

既然黄庭坚这般人物也说少见，不少后来者便纷至沓来，在此打卡吟咏题刻，明代的张勉学、王泮、郭崇嗣，清代的周崇傅等人，都前后留下不少题刻，使得澹岩成为永州石刻最多的地方，为这里的月光更平添了一份柔和文气。

明代著名地理学家徐霞客也慕名来访澹岩，留下了"东瞰官舍后回谷，顿若仙凡分界""西眺山下平畴，另成一境，桑麻其中，有进贤江发源自西南龙洞，东来直逼山麓"这样的文字，其间所表达的山水清丽之意溢于言表。因为黄庭坚的一句褒扬，澹岩原始，但不荒蛮；清冷，但不萧索；幽静，但不孤独。

● 黄庭坚《东崖题记》拓片（潇湘意提供）

四

　　黄庭坚所领导的江西诗派学老杜之诗，秉承唐人遗风，这对才学和诗学的要求很高，且二者还要相结合。从黄庭坚的诗文来看，他一直追寻着前人的脚步，以读书为自持。而在永州零陵，他却做了一件与众不同且让后人琢磨不透的事情。黄庭坚在离开浯溪碑林后，来到古地零陵，这里是柳宗元待了十年之久的地方，与浯溪碑林同样拥有古人遗风刻文的零陵朝阳岩，是黄庭坚的下一站。

　　晚年的黄庭坚在朝阳岩题下了楷书大字，全文共二十三字："崇宁三年三月辛丑，徐武、陶豫、黄庭坚及子相、僧崇广同来。"题名直接写在石面上，石面没有像其他的石刻一样，在书写时先将岩面磨平，黄庭坚的这幅楷书就这样刻在凹凸不平的石崖上。这幅题名全幅宽约40厘米，高约34厘米，位于朝阳岩下洞洞门右边，距离潇水水面3至4米，距离今人所建阁道不到1米，黄庭坚题名时，朝阳岩还没有今天所见的台阶和护栏，岩壁下端是直临潇水的，所以书写时，只能站立船头，抬手挥毫。

　　虽只是寥寥数语，但是黄庭坚用笔稳健沉着，气度雄浑，笔画较为肥厚。书风敦厚，具有雍容、典雅的气度。笔力在崎岖不平的山崖上依然存在，相比力透纸背，黄庭坚在书写之时的从容非常人所能及。不平的摩崖石刻在诸多碑林之中极为少见，对黄庭坚来说，他对书写的岩面平不平整都浑不在意，就如同他种德西南，南迁宜州，任何的困难、坎坷、风暴从不是他在意的事情，小到在石崖上挥笔，大到被贬谪于苦湿之地，都不曾让他有过丝毫难色。黄庭坚的温润才气如同一支蘸满水墨的毛笔，笔墨所到之处皆能将坑洼填满，一展诗情。正如王安石所说："黄某清才，非奔走俗吏。"

饱读诗书也许就是如此，遇到任何的不平整、不公道、不光明，都能以才情与诗情填满，这对一个逢难的人来说，也早已不是难了，路途奔波已然成为人生的一部分，无论在哪里，都能从容典雅地留下诗文笔墨。

> 下入朝阳岩，次山有铭镌。
>
> 藓石破篆文，不辨瞿李袁。
>
> 嵌宝响笙磬，洞中出寒泉。
>
> 同游三五客，拂石弄潺湲。
>
> 俄顷生白云，似欲驾我仙。
>
> 吾将从此逝，挽牵遂回船。

黄庭坚《书摩崖碑后》是在中兴颂碑前经过数日徘徊与酝酿之后完成的，书写前更是浣洗沐浴，极显尊敬与严谨。与此相比，题名既没有书写内容的考量，也没有取法高古的旨趣，纯然是一个留名之作，不在意石头有没有磨平，仅以舒适之心境题写，拂石弄潺就是一种人与自然和谐的气度。

永州是一个好客之地，黄庭坚及家人在这里得到了朋友们的盛情款待，在与本地朋友的交往中，也产生了一些唱和之作。

黄庭坚通过陪伴在身边的蒋彦回，认识了年老、跛足却也有

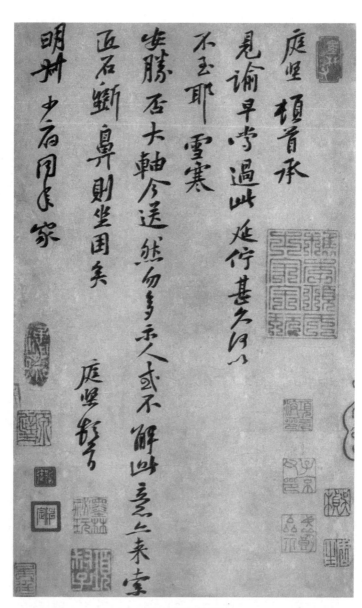

● 黄庭坚手札书法

几分情趣的居士李宗古，原来他们是亲家。李宗古平时靠养鹨鹆、鹦鹉营生，与黄庭坚一见如故，交谈甚是投机，因此，在去李家串门时，黄庭坚写了《戏咏零陵李宗古居士家驯鹨鹆》二首，仿佛是人物速写，让人读了忍俊不禁：

其一

山雌之弟竹鸡兄，乍入雕笼便不惊。

此鸟为公行不得，报晴报雨总同声。

其二

真人梦出大槐宫，万里苍梧一洗空。

终日忧兄行不得，鹨鹆应是鼻亭公。

有一次，李宗古把自己的两首诗作拿给黄庭坚看，黄庭坚又写了《李宗古出示谢李道人苕帚杖从蒋彦回乞葬地二颂作二诗奉呈》：

其一

提携禅客扶衰杖，断当姻家葬骨山。

因病废棋仍废酒，鹨鹆鹦鹉伴清闲。

其二

诗书传女似中郎，杞菊同盘有孟光。

今日鹨鹆鸣寒寒，他年鹦鹉恨堂堂。

前者写李宗古晚年与所养二禽相伴的清闲生活。后者既赞扬李家有女美似文姬、有妻贤如孟光，又反映驯养的二禽与主人生命相伴的深情。

永州山水再好，朋友再热情，但还是无法让黄庭坚停下南行的脚步。皇命不可违啊！出于对陌生环境的担忧，他把家眷留在永州，托付给李彦明、徐靖国等人照顾，然后只身南下。

离开永州以后，晚年的黄庭坚，宣教宜州，功齐韩柳。面对逆境，黄庭坚一如在巴蜀的风格，积极乐观地对待贬谪生涯。对宜州的学子，黄庭坚耐心指教，积极播下读书种子。其后裔太华居士赞道："我祖（鲁直）精神，志向不弃；顺也努力，逆也努力。"

崇宁四年（1105）八月，诏令转到永州，这是黄庭坚人生中最后一次与永州相联，只可惜这时生命走到了尽头，他尚未接到诏令，几月就病逝在宜州，就此与世长辞，享年六十一岁。

对黄庭坚来说，永州是一种信赖；对永州来说，黄庭坚的到来是一种幸运，自此这个潇湘自然之地，添上了一笔温润的诗书气度。

20 赵明诚、李清照

《金石录》里的潇湘波光

——赵明诚、李清照伉俪永州打卡记

○ 洋中鱼

※ 打卡时间：宋政和四年（1114）

※ 打卡地点：浯溪

一

她，姓李，名清照，出生在齐州章丘（今济南章丘）一个书香世家，是一个天生的才女，因所作的词曲，婉约灵动，意蕴深长，被誉为"千古第一才女"，是中国历史上最著名的女词人。

她的家庭背景深厚且复杂，一般人难以厘清。

父亲李格非，精通经史，长于散文，与廖正一、李禧、董荣被称为"苏门后四学士"，是苏轼文学的传人和元祐文坛的中坚，官至提点刑狱、礼部员外郎。

外公王珪曾任宰相，生有五子四女，五子为：长子仲修，次子仲端，三子仲嶷，四子仲山（又作仲岏），五子仲煜。三个女儿嫁了三个女婿，大女婿李格非，二女婿闾丘吁，三女婿郑居中。

作为家里的长女，李清照的母亲也知书能文。遗憾的是，在李清照两岁时，母亲因病撒手人寰。七岁那年，父亲续弦，继母也姓王，也是出身显赫，祖父王拱辰，曾出任大名知府，两任三司使，拜御史中丞，与大名鼎鼎的欧阳修是同年、同僚和连襟。

书香家庭的学习氛围很好，李清照从小就接受了良好的教育，包括父母的言传身教，也有来自父亲好友张耒（张文潜）的教诲，对诗词产生了浓厚兴趣。

1085年，宋哲宗即位后，苏轼调任到汴梁，担任礼部郎中，不久又升为

● 李清照

起居舍人、翰林学士，知制诰，知礼部贡举。此年，张耒、晁补之、黄庭坚、秦观等人都调到汴梁，他们因为共同的志向和文学爱好，都拜投在苏轼门下，便被人们称为"苏门四学士"。

后来，李清照的父亲李格非、廖正一、李禧、董荣也都拜投在苏轼门下，成为"苏门后四学士"。

同在一个老师门下，李格非和其他苏门学士经常相互探讨，建立了深厚的感情。其中，他与张耒的关系最好。从 1086 年至 1093 年，二人同在汴梁为官，后来到地方任职之后，彼此还保持书信往来。

在汴梁期间，张耒经常到李格非家中小坐，喝两杯小酒，讨论一下诗词文学，再谈论一些家国天下事。而小小的李清照，像一只荷花上的蜻蜓，总是在旁边认真聆听。李清照最感兴趣的就是他们谈论的诗词文学，她天资聪慧，性格开朗，很快引起了张耒的注意。当未满十岁的李清照把自己的作品呈交给张耒请他指点时，张耒开心地笑了。

名师出高徒。在北宋著名文学家张耒的指导下，不到十岁的李清照就已经在诗词方面取得了长足的进步，但在很长一段时间内，还有模仿老师的痕迹。

长期相处，尽管彼此年龄相差三十岁，但他们形成了亦师亦友的关系。

十六岁那年，李清照凭一首仅 33 个字的《如梦令·昨夜雨疏风骤》，名动天下，这首词的内容是：

> 昨夜雨疏风骤，浓睡不消残酒。试问卷帘人，却道海棠依旧。知否，知否？应是绿肥红瘦。

父以女荣。从此，李格非在朋友聚会时，经常把李清照新近写的诗文拿出来向大家展示。宾朋们看了，无不惊叹，都知道李家有女初长成。

二

李清照的才华引起了不少人的关注，也惊动了一个年轻人——赵明诚。

与李清照一样，这个来自青州的小赵也颇有来头：祖父赵元卿曾为东州某县令。父赵挺之时任吏部侍郎，与蔡京的关系很好。后来，在蔡京的力荐下，赵挺之还当上了宰相。

赵明诚的母亲郭氏，东平人，是郭概之女。郭概，曾任提点刑狱，他很有眼光，善于择婿，包括赵挺之、陈师道、邢恕等很有才华的人，都是他的女婿。他们及子孙后来均为高官，在宋代有一定的影响力。

当时，赵挺之与李格非同朝为官，前者是吏部侍郎，后者是礼部员外郎，赵官阶高李一级，彼此经常见面。虽然在政见上有较大分歧，李格非后来被划为"元祐党"，属于保守派，而赵挺之紧随蔡京，属于变法派，但这没有影响到李清照跟赵明诚的感情。

赵明诚当时在国子监属下的太学读书，是一个典型的书呆子。他平时爱好金石，对各种碑文拓片如痴如醉。有一年元宵节，赵明诚与李清照堂哥李迥到相国寺赏花灯时，与李清照相识。此前，赵明诚早就读过李清照的诗词，十分欣赏她的才华，此时一见，发现对方还是一个美少女，顿时产生了爱慕之意。

赵明诚跑回去跟父亲说，你不是一直催我结婚吗？我现在找到意中人了。赵挺之问谁家的女孩。赵明诚耍小聪明，出了一个字谜来考父亲：言与司合，安上已脱，芝芙草拔。

赵挺之是何等人才，听了恍然大悟，立即派人去向李格非求亲。

由于两人女才郎貌，加上门当户对，这桩婚事也就水到渠成。赵明诚时年二十一岁，李清照十八岁。

从太学出来之后，赵明诚正式步入仕途。因为有父亲的面子和众多关系网，他起初还很顺利，提拔得也比较快。

宋徽宗在新党领袖蔡京的鼓动之下，决心继承宋神宗和宋哲宗变法的遗志，厉行变法，新党开始对旧党进行打击报复。而李清照的父亲李格非就跟着倒霉了，被写入元祐党人碑竖在宫殿门外。李格非万般无奈，被迫辞官，举家迁到老家去。

李清照见状，就给公公赵挺之写信，请求救援。虽为亲家，但赵挺之和李格非本身政见就不同，加上很多人都觊觎其宰相之位，于是赵挺之选择了沉默。

公公与父亲为敌，而且见死不救，这让李清照从幸福的峰巅瞬间跌入痛苦的深渊，开始怀疑人生。在这种情况下，那个痴迷金石、依然我行我素收藏苏轼黄庭坚的字画的赵明诚，就成了李清照唯一的精神支柱。

可万万没有想到，赵挺之当了宰相之后，跟自己的举荐恩人蔡京闹翻，彼此成了政敌。这让赵明诚李清照夫妇感到莫名其妙，不知所措。

宋徽宗大观元年（1107），蔡京东山再起，从地方回到京城再次担任宰相，赵挺之不得不辞去宰相之位，而且回家五天后就去世了。

俗话说，人死账清。但蔡京并没有放过赵挺之的家人，居然亲自带人到赵府

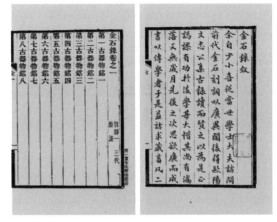

● 赵明诚著作《金石录》

抄家，导致刚刚丧父的赵明诚，不得不带领家人回到山东青州老家，一回就是十年。

隐居青州，山高水远云淡风轻，仿佛从苦难中得以解脱。差不多十年时间，赵明诚李清照夫妻俩共同致力于金石字画的收藏，广求古今图书、遗碑、石刻，收藏、整理金石书画满房屋 10 间。并且，在这个基础上，继续撰写整理《金石录》一书。

其间，朝廷的政治格局不断地发生变化，蔡京被逐出朝野，赵明诚重返仕途。李清照送别丈夫，想起人生无常，自己只求心安，于是取义于陶渊明《归去来兮辞》之意，把自己的住处命名为"归来堂"，且自号"易安居士"，人称"李易安"。

这种宁静的生活原本是李清照最向往的。不料，金兵南下的铁蹄，敲碎了北宋王朝的大门，也惊扰了他们的爱巢，迫使他们不得不南渡避乱。

三

从赵明诚李清照伉俪留下的文字来看，二人组合的小家庭堪称文艺之家，对中国的诗词创作特别是对中国的金石研究做出了不可磨灭的贡献。

尽管他们伉俪有没有亲临过永州，还有待进一步考证。但他们以诗文打卡永州，却是毋庸置疑的。他们打卡永州的方式颇为特别，却丰富了永州历史文化的内涵。时至今日，只要我们回首张望，就能看见《金石录》里所泛起的潇湘波光。

众所周知，浯溪碑林由元结撰文、颜真卿书丹的《大唐中兴颂》

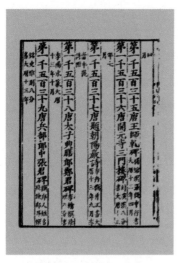

● 赵明诚《金石录》卷第八第一千五百三十七条关于李舟《朝阳岩诗》记载

自问世以来，引起历代书家的膜拜与关注。特别是北宋后期六位诗人的七首题《大唐中兴颂》诗，因各自观点的差异，诗中有无弦外之音，成了一桩后人争论不休的公案。

很多专家学者对此进行考证，对七首诗的产生年代观点也不一致。就像玩魔方，各有各的立场，各有各的方法，自然也各有各的结论。不过，多数人基本认同以下顺序：

1. 崇宁三年（1104），黄庭坚作《书摩崖碑后》。

2. 崇宁四年（1105）前后，潘大临作《浯溪中兴颂》。

3. 政和元年（1111）前后，王铚作《蔡天启作中兴颂碑诗且邀同赋》。

4. 政和三年（1113），张耒作《读中兴颂碑》。

5. 政和四年（1114）前后，李清照作《浯溪中兴颂诗和张文潜》二首。

6. 宣和二年（1120），惠洪作《同景庄游浯溪读中兴碑》。

也就是说，李清照于政和四年以诗歌创作的形式打卡永州浯溪。

在以上七首北宋诗作中，张耒与黄庭坚的诗并列诠释《中兴颂》的典范。大约在黄庭坚游览浯溪摩崖十年之后，张耒由观看《大唐中兴颂碑》拓本而触发情感，写下了《读中兴颂碑》：

> 玉环妖血无人扫，渔阳马厌长安草。潼关战骨高于山，万里君王蜀中老。金戈铁马从西来，郭公凛凛英雄才。举旗为风偃为雨，洒扫九庙无尘埃。元功高名谁与纪，风雅不继骚人死。水部胸中星斗文，太师笔下蛟龙字。天遣二子传将来，高山十丈磨苍崖。谁持此碑入我室，使我一见昏眸开。百年废兴增叹慨，当时数子今安在？ 君不见，荒凉浯水弃不收，时有游人打碑卖。

作为父执辈的张耒，一直是李清照诗词创作的效仿及唱和对象。但是，在这次唱和中，李清照却表现出了罕见的"怪异"，居然破例写了两首：

> 五十年功如电扫，华清花柳咸阳草。五坊供奉斗鸡儿，
> 酒肉堆中不知老。胡兵忽自天上来，逆胡亦是奸雄才。
> 勤政楼前走胡马，珠翠踏尽香尘埃。何为出战辄披靡，
> 传置荔枝多马死。尧功舜德本如天，安用区区纪文字。
> 著碑铭德真陋哉，乃令神鬼磨山崖。子仪光弼不自猜，
> 天心悔祸人心开。夏商有鉴当深戒，简策汗青今具在。
> 君不见当时张说最多机，虽生已被姚崇卖。

> 君不见惊人废兴传天宝，中兴碑上今生草。不知负国
> 有奸雄，但说成功尊国老。谁令妃子天上来，虢秦韩国皆
> 天才。花桑羯鼓玉方响，春风不敢生尘埃。姓名谁复知安
> 史，健儿猛将安眠死。去天尺五抱瓮峰，峰头凿出开元字。
> 时移势去真可哀，奸人心丑深如崖。西蜀万里尚能反，
> 南内一闭何时开。可怜孝德如天大，反使将军称好在。呜呼！
> 奴辈乃不能道辅国用事张后尊，乃能念春荠长安作斤卖。

张耒这首诗关注的重点是《中兴颂》文本本身，基本上沿袭元结颂词表面歌颂中兴、暗里批判玄宗的观点，是对《中兴颂》碑文的文学、史学、金石学内容的忠实回归，彰显出成年人的稳重。

而李清照的两首诗，名义上是唱和张诗，实际上在跟张耒"唱反调"：张诗高度评价郭子仪的功业和元结、颜真卿合作的石刻（文

章及书法），李诗却改以讥讽为主，锋芒毕露，体现出年轻人的朝气、快意和尖锐的批判意识。

两首诗的结尾，都是诗人深深的叹息："君不见当时张说最多机，虽生已被姚崇卖。""呜呼！奴辈乃不能道辅国用事张后尊，乃能念春荠长安作斤卖。"

如此深沉的感叹，不得不让人联想到诗人当时所处的环境：父亲李格非于崇宁元年（1102）被列入元祐党籍，未几贬往象郡。自从王安石变法以来，政局像棋局一样翻覆不定，朝臣分成两党互相攻讦，而且出现了许多翻云覆雨之徒。还有许多朝臣趋炎附势，首鼠两端，唯求一己之富贵，置朝廷国家于不顾。正是在这样的风气下，北宋王朝一步步走向覆灭。

李清照心想：谁说女子不如男？在以《中兴颂》为题的诗中，也许只有我这首诗只字不提唐室"中兴"的伟业，甚至对元、颜的雄文大字也不屑一顾！

是的，作为《金石录》作者赵明诚的妻子，在这样一个含有金石题材的诗中，她完全不在意摩崖拓本的价值，有点出人意料。

也正因如此，与其他作品相比，李诗不仅更具有冷峻敏锐的史家识见，而且多了一份关怀现实的政治热情，是对张耒诗作的深化与超越。

四

作为宰相之子的赵明诚，曾任职莱州、淄州、江宁等地。宋高宗建炎三年（1129）移官湖州，还没有去上任，八月十八日就病逝于建康。

赵明诚政绩没有什么可圈可点之处，他对历史的最大贡献在于他编写了一本《金石录》。

这个书呆子把一生中大部分时间、精力多用在收集和考订金石器物及铭文上。据李清照晚年所作《金石录后序》记载："（赵明诚）出仕宦，便有饭蔬衣练，穷遐方绝域，尽天下古文奇字之志。日就月将，渐益堆积。丞相居政府，亲旧或在馆阁多有亡诗逸史，鲁壁汲冢所未见之书，遂尽力传写，浸觉有味，不能自已，后或见古今名人书画，三代奇器亦复脱衣市易。"

各位请看：穷遐方绝域，尽天下古文奇字之志。这不是不务正业吗？一个堂堂的政府官员上班时间到处乱跑，去找自己喜欢的金石物件（有文字的器具、石刻或拓片），如果不是有宰相老子罩着，只怕早就被革职查处了。

后来，赵明诚"连守两郡，竭其俸入，以事铅椠。每获一书，即同共勘校，整集签题。得书、画、彝、鼎，亦摩玩舒卷，指摘疵病，夜尽一烛为率"，累得夫人李清照"食去重肉，衣去重采，首无明珠、翠羽之饰，室无涂金、刺绣之具"，以搜罗"书史百家"。

夫唱妇随，赵明诚夫妇收集、考订金石器物及铭文，几乎到了走火入魔的地步。

很多人不禁要问：这个赵明诚为什么如此痴迷于金石呢？

其实，赵明诚在《金石序》中就道出了自己的意图："余之致力于斯，可谓勤且久矣。非特区区为玩好之具而已也。盖窃尝以谓诗书以后，君臣行事之迹，悉载于史。虽是非褒贬，出于秉笔者私意，或失其实，然至其善恶大节，有不可诬，而又传之既久，理当依据。若夫岁月地理官爵世次以金石考之，其抵牾十常三四。盖史牒出于后人之手，不能无失，而刻词当时所立，可信不疑。则又考其异同，参以他书，为《金石录》三十卷。"

原来，这个书呆子收集金石不是为"玩好之需要"，而是为了补史料之阙失，纠史籍之谬误，还历史以真实。

笔者花了两天时间读完《金石录》，发现该书共三十卷，前十卷为目录，后二十卷为跋尾。按时代顺序排列，以前十卷为例，卷一为三代、秦、汉，卷二为汉、魏、吴、晋、伪汉、伪赵、东魏、梁，卷三为后魏、梁、北齐、后周、隋、唐，卷四至卷九均为唐，卷十则包括唐、五代和宋朝，时世次第非常清楚。

该书有七处关于永州摩崖石刻的记载：卷第八有怀素《自叙帖》、李舟《朝阳岩诗》、元结《大唐中兴颂》和《峿台铭》的记载，卷第九有唐修《浯溪记》的记载，卷第十有皇甫湜《浯溪记》和吕温《祭舜庙文》的记载。

此外，还有两处记载与永州相关：一是卷第九有关于韩愈《罗池庙碑》记载，这是永州柳子庙《荔子碑》的母本；二是卷第十九《相府小史夏堪碑》有涉及"零陵"的记载，全文为：

右相府小史夏堪碑云：夏堪，字叔德，帝禹之精苗，零陵太守之根嗣也！后有铭铭三字，语颇古，其卒葬年月残缺，字虽不工，然汉碑也！其曰精苗根嗣，汉末人为文喜造语多类此。

我觉得，这块汉碑可以成为永州历史文化研究的补充材料。

五

赵明诚与李清照结婚之后一直没有生育，相当于现在的丁克家庭，这在"不孝有三，无后为大"的封建社会，是一个很大的忌讳，需要很大的勇气。

也许，在他们眼里，《金石录》就是他们的爱情结晶。

从李清照的《金石录后序》可以看出，她给了赵明诚最大的理解和支持，并用了一生的精力协助丈夫完成这部著作。

想当初，夫妻俩屏居青州乡里，"竭其俸入，以事铅椠"。每获一书即共同校勘整理、签题，"得书、画、彝、鼎，亦摩玩舒卷，指摘疵病，夜尽一烛为率"，真是其乐融融！

想当初，他们节衣缩食，把所有的收入都用于文物古籍的收藏。十年如一日，刻苦勤奋，坚持不懈，"日就月将，渐益堆积"，真是心花怒放！

经过二十多年的努力，共得三代以来的古器物铭及汉、唐石刻凡二千卷，夫妻俩为其考订年月，辨伪纠谬，乐此不疲！其间，赵明诚历任南北，中经"靖康之变"，与李清照几度两地睽隔。

建炎三年（1129），《金石录》一书已初具雏形。这时，赵明诚被免去江宁知府，过了一段时间，被调去湖州，哪知道还未到任就因病去世。

赵明诚临死之前交代妻子："必不得已，先弃辎重，次衣被，次书册卷轴，次古器；独所谓宗器者，可自负抱，与身俱存亡，勿忘之！"

这个书呆子到死还念念不忘自己的收藏，那些文物是他命之所系，是舍命都不能丢弃的。何况《金石录》还没有整理完毕，这也是他们一生的精神寄托。

在这种情况下，李清照派了两个赵明诚的老管家将赵明诚遗留的书籍、金石碑刻并其他物品送往洪州（南昌），交给在那里的赵明诚的妹夫。不料当年十二月，金人攻下洪州，这些东西全部被掠夺而去。

往事如风，难忘心痛。一个弱女子接连遭受国破、丧夫的重大打击，特别是他们伉俪近三十年来所收集的藏品顷刻之间散为云烟，成为夫妻俩共同事业的极大不幸，这种创伤让她刻骨铭心，终生难忘。愤怒之下的李清照，写出了"生当作人杰，死亦为鬼雄。至今思项羽，不肯过江东"的惊世诗句。

愤怒的诗歌是写了，但命运还是无法改变。

历经磨难的李清照终于看清了世道之险恶、人性之贪婪，她只能转身，全身心投入《金石录》的整理当中。

窗外沥沥细雨，台阶上片片落叶。一盏青灯下，一沓古书旁，一

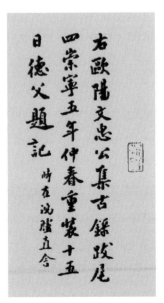

● 赵明诚在欧阳修《集古录》上的题记

个清瘦的身影，正咀嚼着一腔的苦与恨、爱与愁，也在静静地书写历史，细细地耕织生活。

可以想象，那是怎样的一段艰难岁月啊！

由于社会的动荡和家庭的巨创，《金石录》中著录的2000卷只注跋了502卷。为此，李清照大病一场。在病中她仍不忘赵明诚的遗愿，耳畔依然有丈夫的叮咛，心中依然有应对苦难生活的信心，没有中止她和赵明诚二人的事业。

经过李清照的不断增补修订，《金石录》终于成书。其后，她又为《金石录》的刊行四处奔波。她不顾68岁的高龄和政治上受到诬陷，仍上表于朝。

李清照缅悼明诚，感叹旧物之不存，乃于绍兴五年（1135）作《后序》。文中概述了成书的艰辛，那些信手拈来的生活片段，寄托了作者深切的生命体验，文辞情真意切，感人肺腑。

《金石录后序》是一篇极好的散文，文辞凝练，立意清新，含义深刻，不愧为大家手笔，可以收入《古文观止》。

李清照死后，凝结了夫妻俩一生心血的《金石录》，被完好无缺地送到远在福建泉州的赵明诚之兄赵思诚处。赵思诚睹物伤情，决心完成弟弟弟媳的心愿，在他的努力下，《金石录》终于在绍兴二十六年（1156）得以刊行于世，流传至今。

作为一个永州人，我十分感谢赵明诚李清照伉俪为中国金石所做的贡献，特别是为永州金石所做的记录，为历史文化名城留下了极为珍贵的资料。

21 胡寅

奔永而来的
致堂先生
——胡寅永州打卡记

○ 蔡迪琴

※ 打卡时间：南宋绍兴元年（1131）

※ 打卡地点：永州

一

　　人生起伏跌宕，对有些人来说，那样也许才是真正的活过。

　　这世上有那么多人，有些人一出生就会面临生死困厄，有些人为了心中理想几经波折，辗转之中他们有人就此沉沦，有人至死不变。人生短暂，或成或败，坚定才是意义，胡寅也在这样跌宕的风雨中添下了他浓墨重彩的一笔。

　　胡寅（1098—1156），字明仲，学者称致堂先生。宋哲宗元符元年（1098）出生于建州崇安，他刚出生就面临了生死抉择，只不过选择权不在他。"寅，安国弟之子也。寅将生，弟妇以多男不欲举。安国妻梦大鱼跃盆水中，急取而子之。"这是《宋史·胡安国传》当中的记载，他本是胡安国弟弟胡淳之子，最终被胡安国受妻命收为养子，作为长子。后因时势跟随胡安国与胡宏一起远赴湖南，有一句俗话"大难不死，必有后福"，此话定然不假，胡寅在后来的人生中确实大有作为。

其实我们不难设想，若是没有当初的胡安国，也就没有今天的胡寅了吧。胡安国（1074—1138），字康侯，福建崇安（今武夷山市）人，宋代著名理学家，世称武夷先生。胡安国自小就表现出了特有的智慧、好学和远大志向，在其刚学会说话之时，祖母就试着教他《训童蒙韵语》数十字，两遍之后就能记诵，祖母余氏非常高兴，说他长大以后必定能光大胡氏门楣。果不其然，他后来确立了湖湘学派之名，湖湘学派秉承河南二程之学，并独具风格，为宋明理学发展史中重要的一支。

胡安国之子中除胡寅大有作为外，胡宏也是颇为拔尖的。胡宏（1106—1162）是胡安国的次子，字仁仲，因长期寓居湖南衡山五峰下，人们称他为五峰先生，是湖湘学派创立者之一。胡宏从小就在父亲胡安国的督导下研习经学，尤其服膺二程理学。胡安国逝世后，胡宏独立治学，以振兴道学、醇化风俗为己任。

出生在这样一个穷困偏僻、生计艰难的地方，胡寅似与众不同，却又与大众无异。

根据《宋史》记载：胡寅"少桀黠难制，父闭之空阁，其上有杂木，寅尽刻为人形。安国曰'当有以移其心'，别置书数千卷于其上，年余，寅悉成诵，不遗一卷"。胡寅小时候虽然很顽劣，但经过胡安国的精心教导，表现出与众不同的天赋，生活在这样的环境中，还能有这样的出众天资，胡寅似乎本身就是一个"传奇"的人。

在往后岁月中，胡寅再回想起来的时候，不会忘记昔日是如何看遍这世间风光。

在往后岁月中，胡寅再回想起来的时候，不会忘记昔日那段楼阁中与书为友的光阴。

在往后岁月中，胡寅再回想起来的时候，不会忘记昔日那颗小小的儒家思想种子是如何在他心中生根发芽的。

遍览阁中群书，为胡寅打下良好的学术基础，助其科举中榜，为他日后从政和成为一名儒家学者、理学的传承人做好了准备。在胡安国的影响和引导下，胡寅年轻时即受二程博大精深思想的吸引，坚定了儒学治学的方向，是当时儒家学者中少有的言行一致、始终不渝之人。

二

文人士大夫的气概有所不同，他们多数始终坚定心中信念，坚贞不渝。

南宋建炎元年（1127），北宋灭亡南宋建立，胡寅亲身经历了亡国之痛，有着强烈的因为山河破碎而萌生的激愤之情与屈辱之感。当年三月，金人扶立张邦昌为帝，建立伪楚国号，他即弃官归家，因此受伪楚言官弹劾降官一级，遂决定隐居。正是此时，胡安国看到战争频仍，准备迁居，于是胡寅一家人随之从荆门来到湖南，在潭州湘潭建碧泉书院，"前后居潭三十余载"。然后又在衡山山麓办文定书院，以讲学撰述为业。他们一家人因为国势动荡，壮志难酬而决定隐居，创立书院皆是以胡安国为主。来此地后，胡氏父子确立了湖湘学派之名，人们将胡安国、胡宏父子视为"湖湘学派"的创立者，而胡寅也是学派中主要成员之一。

● 宋高宗敕赞胡安国像真迹

湖湘学派最早源于宋代湖南道州人周敦颐。周敦颐，字茂叔，又称濂溪先生，他在晚期著作《通书》中提出了以"诚"为核心的心性论体系，从而奠定了理学思潮的哲学基础，后人尊他为"理学开山""道学宗主"。程颖、程颐都曾受学于周敦颐。他的理论是以后湖湘学派的思想渊源，不过在他生前影响不大，所以还没有形成独立的学术派别。南宋却由胡安国等人确立了学派，也是由此寻到了源头，找到了根本。

在那样的一个时代当中，胡寅一家人可谓称得上是"说走就走"，南徙是他们形势所迫的选择，也是他们自身理想志气使然。胡寅一行人奔赴湖南而来，像是肩负着生死存亡重任的军人，直接向他们最终的目的地进发。

胡寅他是"逃"也是进，他没有更大的能力去改变山河破碎的局面，不能拯救已经失去的国家，他不想面对那入侵者的荒诞统治，于是只能逃；但是他在湖南依然坚持传播着理学思想，发展了讲学之风，此则是为进，在万般维艰之下，以"退"为进，所谓文人气概，也不过如此吧。

于是胡寅等人奔赴永州，正式打卡斯地。

三

绍兴元年（1131），胡安国父子在湖南永州东安县九龙岩留下了他们到此地游玩的摩崖题名，实记其事。其题云："武夷胡

● 胡氏家人东安九龙岩题刻

寅、宁、宏，侍家府自邵之春陵过此，门人江陵吴郭、湘潭黎明从，绍兴元年十二月初六日。"

胡寅一行人的到来，为永州这样一个"千年打卡圣地"增添了浓墨重彩的一笔，他们在这里留下了众多的知识财富，除了创立湖湘学派讲学、所刻摩崖外，胡寅还写下众多诗文以抒怀遣志。特别是其《永州澹山岩扃记》一文，今附之于下：

永州澹山岩扃记

瑰奇伟绝之观，人所同好也。覆压沦溺之害，人所同畏也。役于甚好而忘其可畏，人所同惑也。今夫山之秀拔，孰如西方之所谓大华者乎？俯仰而满足其意，孰若麓之人饮食起居之与山接者乎？熙宁中，一峰剥坠，六社皆没，近山之患，乃有如此者。钱塘海潮，尽波涛壮观，不论四方至者，自其土俗朝与夕差肩迭迹，待望而不厌也。壬子岁中秋，潮来且近，忽闻一枝卷岸，势如电掣，灭若霆散，其所鞭激处，漂落五千余人，予盖亲见之。是在平地，非有帆楫倾欹，水至弱也，狎而玩之，则组甲练兵起于足下。甚美必有甚恶，亦何往而不然。清馨冻饮，或亡于池。肥甘乌橐，或死于林。燕姬、赵女，妙舞宜笑，能倾人邦家，而八骏腾骧，九皋飞唳，亦足以召乱而丧师也。岂独是哉？富贵显严之所在，气力侔天，收四海之命，断于掌握，其究有愿为役夫而不可得者。故曰疢颠陨危，丹毂赤族。是皆纵耳目鼻口一时之适，而不知为之戒者过也。

永城南二十余里有日澹山岩。自山谷诗既行，名闻于天下。

凡岩之病，以暗而湿，澹岩独窍北而透南，方台夷燥，嘘吸云气，受风纳月，信乎其称绝景也。然印视脉络，往往鳞皴，而岩中大小石，盖不可胜数。人不幸或值一拳许焉，则碎首毙矣，况巨片哉？因叹且笑曰："此古人所谓鸡肋不足以当者，今乃裹羊终日，而忘知命之训，仁者乐山，殆不然也。"乃相南缺，得地不盈丈，为亭，命之曰岩扁。却顾中虚，尽揽胜致，而重山大壑环乎外者，又咸在目。且令穿山壑间，剪竹开径以趋于亭。自今骚人游子去来徙倚，得所好而远所畏，然后斯岩之美全矣。人世芬味，盖不必游藩而醾醽，大抵类此。古人所谓登门入奥，惟恐资之不深，居之不安者，必无险巇危隘之理，未见蹈仁而死者也。而君子或反望望然去之，不啻如逆旅，亦独何哉？可不求其故而勉之哉？作《岩扁记》，委零陵主簿刘汝舟视工镌之石。

此篇选自胡寅撰写的《斐然集》卷二十，可以从中看出他的赞美之词溢于言表。

胡寅他大抵会惊讶吧，在这样艰难的时期来到了永州，在这样的永州追溯到了自己秉承的理学之源，在这样的永州他可以自在地传播讲学，坚定心中志向。

胡寅他大抵会失望吧，在这样艰难的时期来到了永州，国破人亡，流离失所，伪统治之中人民不知其源，在永州他可以传承讲学，但始终不会再回到以前，他失望地想道：原来有些东西，开始之时就已结束，相逢之际便是别离。

原本就是一颗砾石，又怎会一直埋没于沙土之中。

胡寅他一直秉持"尊王攘夷"的思想，致力于维护宋王朝的统一、加强中央集权，这是他一切理论和行动的出发点，也是其终点。由此我们就可以想象得到，胡寅他不会一直隐居，他一定会再次站起来，为他心中志向，为他一直所遵从的思想学说而做出改变。

正如所想的一样，自建炎三年（1129）七月始，到绍兴十一年（1141）止。胡寅不断归朝任职，对于朝政之事言辞恳切，关注一切实事，希望可以达到"尊王攘夷"，可他论事皆以儒家元典为据，其言行皆以礼为守则，并且他还秉持着务实的思想，所以对当朝所作所为难免嗤之以鼻，不愿同流合污，在此背景下，他触及一众宦臣的利益，自然会受到打压。所以在这几年中，他累次进谏，或被采用或被贬斥。虽然迫于形势，胡寅在此其间不断离朝、归朝和改任，但他从未放弃，没有改变心中所坚定的志向，因为他知道总会有结果的。

四

在此期间胡寅也是多次往返于永州各地，因为在永州他似乎总是还能寻到最初的样子，寻回最初的自己。

我想，永州于胡寅而言是位老师吧，每次在他最难的时候给了他"方向"，给了他坚持的意义。

我想，永州于胡寅而言是位友人吧，胡寅离开或是到来，它都在这儿，胡寅诉说，它一定会倾听。

我想，永州于胡寅而言是真正的归宿吧，胡寅的每一次回头，永州都在，胡寅在这里汲取力量，再次出发，他也总会回来。

绍兴八年（1138）四月，养父胡安国病逝于家，胡寅回家守制丁忧。绍兴十二年（1142）父丧服除后，胡寅奉祠，不久再知永州。绍兴十三年（1143），胡寅在永州任上被罢官免职。绍兴十六年（1146），胡寅一度回福建崇安老家小住，于次年秋天回到湘潭。直到绍兴二十年（1150），胡寅一直住在南岳。秦桧知道胡寅生活贫苦，乘胡寅往建州省觐世母，赠给百金。胡寅回信说："愿公修政任贤，勿替初志。尊王攘夷，以开后功。"秦桧认为胡寅这是在讥讽自己，心中恼怒。胡寅本以为秦桧是和自己一样"尊王攘夷"的人，却不想由此得罪权贵，再次遭贬。

珠玉脱离砾石，仍有蒙尘的一天，胡寅似乎就是如此。

胡寅最终定居于衡山，终老于衡山。绍兴二十六年（1156），胡寅卒于衡州，后获谥文忠。胡寅不是湖南人，却又是湖南人，永州见过了他的诸多光景，或许他自己也没有发现，永州在他后来的人生中是这样的重要。

胡寅大概是很喜欢永州的，他一定在想，幸好我没有忽视永州。

胡寅大概是很喜欢永州的，他一定在想，幸好我没有辜负永州。

胡寅大概是很喜欢永州的，他一定在想，幸好我没有远离永州！

22 杨万里

○ 林云鹤

杨万里的永州世界
——杨万里永州打卡记

※ 打卡时间：绍兴二十九年（1159）至隆兴元年（1163）

※ 打卡地点：永州、零陵

永州是雨的世界。

永州一年只下两场雨，第一场从春至夏，第二场由秋入冬。

然而所有的故事都是从冬日开始，向春日而去。

绍兴二十九年（1159）十月，杨万里调往永州任零陵县丞。上一年他刚在江西赣州任满人生第一任官，返回吉水故里后，筑宅南溪，等待朝廷再次任命。可能连他自己都不曾料到，如此之快便得到了第二任官。要知道在南宋绍兴年间，孤寒之士早已是"十年不得一任"，更有甚者"三十年不得调"，得官非常不易。杨万里仕途顺畅，还真是应了他那句"小荷才露尖尖角，早有蜻蜓立上头"！

从江西吉水到湖南永州，对古人来说

是段漫长的旅程。杨万里前往永州零陵县丞任时的心情是复杂的，得官之喜仍在心头荡漾，对旅途的担忧恐怕也挤上了眉间。十月九日，一同前往的不仅有年迈的双亲，还有已怀身孕的妻子，这样的旅途怎一个愁字了得。

一路上伴随杨万里的不是"无声泉眼"，不是"树荫照水"，是飞雨斜斜的湖南冬日。江西入湖南界至永州多有水路，"江宽风紧折绵寒"，拖家带口的杨万里一路难眠。这种感觉，让他三年后在湖南潭州(今长沙)漕司公干后的返永途中，还写了一首《衡山值雨》记录旅途艰辛，诗云：

> 稍息归途中半程，犹愁泥潦未知晴。
>
> 雨来也不怜行客，风过何须作许声？

行至永州城外又写道：

> 了知归近犹看堠，更有愁来即入城。
>
> 愚水端能勤入梦，崙峰何得懒相迎。

杨万里自潭州漕司返永在绍兴三十二年（1162）秋，这一年他身体有恙，潭州"天寒短日仍为客，酒暖长亭未是家"，思念父母妻子的他回到永州城外，再见那从零陵西南鸭山走来的愚溪，其色如蓝，其水澈底，本该愉悦；再见那崒峰秀岭、逾越众山的崙峰也本该畅快，怎奈雨不怜他，山不迎他，只能愁入城了。

杨万里并不讨厌永州的雨，只是喜欢郊游的他，过于偏爱晴天，"只道今春不肯晴，已晴谁遣不郊行"，无奈"春雨不大又不晴"，"官路黄泥滑不胜"，雨拦住了他欣赏永州的美景，有些失落罢了。雨天路滑，会叫行人跌倒，后来他在另一首诗中写道："前

"人失脚后人笑，后人失脚那可料？"如此活泼可爱，可见他早已跟永州的雨和解了！

永州风景如画，教你如何不爱她！又怎能不亲近她！

春天的永州"花暖能醲眼，山浓欲染衣"，大自然的巧夺天工胜过任何一位山水泼墨画家。自古文人雅致，剪薙榛芜，搜奇选胜，自放于山水之间。来到永州的杨万里，自然听过唐代柳宗元曾入冉溪二三里，

●《四库全书》之《诚斋集》

结茅树蔬，安家居住，改冉溪为愚溪的故事。他既来到永州，又怎能不看看柳宗元的桃花源呢？

"春日更晴谁不喜？"可管不了"一晴一雨路干湿"，迫不及待的杨万里，急不可耐地约友人出门踏青。此前早早有过约定，可友人一再拖沓，他竟赠诗督之，促成了此行。一行人经"百花亭下花如海"，闯入眼帘的便是"子厚宅前溪似油"了。畅游终日，怕是忘了归程！

零陵县丞作为亲民之官负有巡视地方的责任。乡土中国赖农业生存，现存《杨万里文集》中收有《视旱憩镜田店》《视旱遇雨》《明发石山》等诗作，都是他夏秋时分视察旱情时所作。对这些诗作略做考证，知杨万里足迹遍布零陵，甚至可能还到达过祁阳

境内，沿途山山水水他也尽数收入诗中了。

在零陵数年中，杨万里常因路途遥远，不能返回家中，多借宿寺院。巡视迷路时，零陵城南三十里处，"竹能知雨至，窗不隔江清"的龙归寺给过他依靠；生病迷茫时，零陵县北九十里处，"月落山空幽""听到雨无声"的普明寺也给了他拥抱。

人无友不立，普明寺给了杨万里拥抱，也让他收获了真挚友情！

养病普明寺期间，杨万里心情极为失落，三十余岁竟有"生来眠不足，老去梦难成"之叹。初来零陵时，杨万里曾与东山寺诗僧照上人有过诗歌唱和。东山寺在零陵城中，二人近在咫尺，却三年间未曾再谋面。对杨万里来说，他与照上人仅是一面之交。但对照上人来说，一次谋面已成至交。东山寺与普明寺相隔九十余里，闻杨万里病重，照上人特来看望。杨万里在赠诗中写道："岁晚观山吾独立，泥中骑马子能来。转头不觉三年别，病眼相看一笑开。"面对这份真情，他惊喜之间有些惭愧。

时间和距离是感情的试金石！

● 线装《诚斋集》

这不禁让人想起元稹那首《酬乐天频梦微之》，诗云：

山水万重书断绝，念君怜我梦相闻。

我今因病魂颠倒，唯梦闲人不梦君。

元稹的诗实际上是封回信，白居易写给他的诗是这样的：

晨起临风一惆怅，通川溢水断相闻。

不知忆我因何事，昨夜三更梦见君。

当时白居易在江州（今江西九江），元稹在通州（今四川达州），两地相隔千里。

白居易对元稹说：昨夜三更我做了一个梦，梦里梦见了你，我给你写信就是想问问你，"你有什么事情想起了我？"

元稹回白居易信说："我病得神魂颠倒，不过梦中梦到的都是其他无相关的闲人，偏偏就是梦不到你。"言外之意是我非常想梦见你，可偏偏梦不到。

三首诗都是普普通通的拉家常，可都是最好的诗，因为是最真的情！

在零陵数年中，杨万里还有位朝夕相伴的益友，同僚司法参军张仲良。张仲良名材，原为山东人，事历无考，其人"气概青云上，声华碧海边"，颇有才名。杨万里集中现存与张仲良和诗十余首。"同是宦游人"，闲暇时，两人常同饮、论诗、郊游、赏花；"俱是他乡之客"，生活上，也互相关心，互赠有无，亲密无间。

县丞的公务繁忙，夜晚的渔火摇曳书灯，渔船橹桨又扰美梦，"平生只疏懒，何药疗嵇康？"公务之余，杨万里也常和其他同僚，寻一竹林深处醉饮，《癸未上元后，永州夜饮赵敦礼竹亭闻蛙醉吟》云：

> 茅亭夜集俯万竹，初月未光让高烛。
>
> 主人酒令来无穷，恍然堕我醉乡中。
>
> 草间蛙声忽三两，似笑吾人悭酒量。
>
> 只作蛙听故自佳，何须更作鼓吹想。
>
> 尚忆同登万石亭，倚栏垂手望寒青。
>
> 只今真到寒青里，吾人不饮竹不喜。

宋代永州"春在已愁热"，正月上元节后，南中国的气候感觉已要迈入夏季。上元节的灯会结束了，可欢聚会的酒会仍在继续。"俯万竹""让高烛"，热闹的场面，让杨万里一天的烦恼抛诸脑后。朋友助酒的游戏接二连三，恍惚之间，夜深人静，"草间蛙声忽三两，似笑吾人悭酒量"，杨万里似乎不胜酒力，已分不清竹影还是月光。

有益友，自有良师。

杨万里有多位老师，任零陵县丞时期的张浚、胡铨对其一生的人格影响最大。

绍兴三十年（1160），是杨万里来到永州的第二个年头，这一年对杨万里意义非凡。

杨万里来永州时，著名抗战派领袖、北宋著名理学家程颐的再传弟子张浚已徙居永州十年。杨万里对这位爱国名将十分仰慕，曾三次请求谒见，但当时张浚闭门谢客，始终不能相见。后杨万里再三写信请求，又经张浚子张栻引见，才被张浚接见。这次会面，

● 明周臣绘杨万里诗意图

"（张）浚勉以正心诚意之学，（杨）万里服其教终身，乃名读书之室曰'诚斋'"。后来杨万里有诗回忆道：

> 浯溪见了紫岩回，独笑春风尽放怀。
>
> 谩向世人谈昨梦，便来唤我作诚斋。

绍兴三十一年（1161），另一抗战派名臣胡铨由谪所放还，经衡州来探访张浚。杨万里又始得师事胡铨，"一日而并得二师"，"二先生皆六十矣。此书还往，无一语不相勉以天人之学，无一念不相忧以国家之患也"。

有益友、良师，也会有知音。

绍兴三十二年（1162）秋，萧千岩途经零陵，杨万里与之初识，一语意合。暑天之夜，杨万里竟抱着被褥追至萧千岩卧室，与其彻夜床对诗文。杨万里对萧千岩评价极高，"近世诗人，若范石湖之清新，尤梁溪之平淡，陆放翁之敷腴，萧千岩之工致，皆余之所畏也"。观杨万里当时举动及后来评价，足见当时他对萧千岩的欣赏。萧千岩定然深受感动，天不亮便偷偷先起，为杨万里作诗赠别，杨万里和诗答赋，相约收藏，两人遂引为至交。

一个有趣的史实，正是这年七月，杨万里将自己此前诗作千余篇付之一炬。如此看来，"一代诗宗"冉冉升起，这次对谈功不可没！

自古情伤离别，冷落清秋，话别之后，"目送车尘"，此后杨万里与萧千岩各不相闻竟逾十六年。十六年间，杨万里念及往昔，一想起萧千岩那句"吾定交如定婚"，恐怕自是潸然泪下，也定不知道如何叫那晚的"湘江晓月"不循环往复。

　　隆兴元年（1163）春，零陵任期将满，杨万里将父幼安顿归乡。至夏，方自零陵返回江西故里。

　　轻轻地他走了，一如他轻轻地来。同僚、友人准备了欢送宴会，杨万里不忍相送的悲戚，先一夜独自离开，留下了两首轻快独特的留别诗：

　　　　已坐诗腥病更羸，诸公刚欲饯湘湄。

　　　　夜浮一叶逃盟去，已被沙鸥圣得知。

　　　　思归日日只空言，一棹今真水月间。

　　　　半夜犹闻郡楼鼓，明朝应失永州山。

　　人有悲欢离合，月有阴晴圆缺，此事古难全。人世间的相遇总是猝不及防，而离别多是蓄谋已久。潇湘雨打船篷，别离中，留不住，终须去，莫匆匆。

　　杨万里虽失永州山，但他的诗却留住了他的永州世界——一个"花暖能醺眼，山浓欲染衣"的世界；一个"月落山空幽，窗不隔江清"的世界；一个收获益友、寻得良师、觅见知音的世界。竹能知雨至，听到雨无声，不知有意复无情，为许千千万万声。如今，这滴滴点点还在下着呢，从春至夏，由秋入冬！

范文穆像

23 范成大

从此摩崖不是碑
——范成大永州打卡记

○ 周 欣 洋中鱼

※ 打卡时间：宋乾道九年（1173）、淳熙二年（1175）

※ 打卡地点：浯溪、愚溪、湘口馆

一

一条官船从线装《宋史》下册南宋的页码中穿出，划过湘江水面。

风轻，水平。江岸芳草萋萋，杨柳依依，好一派春色！

官船渐渐驶向岸边，停靠在永州之野、祁阳湘江之滨浯溪高耸的石崖下。

一个四十八岁的官员，在几个随从的陪同下，登陆上岸，怀着朝圣的心情，一步一步往上攀登。

崖上正在打瞌睡的大树被轻微的脚步声惊醒，她看了看时间：乾道九年（1173）三月九日。在听见他们的交谈之后，她记住了这个官员的名字：范成大。

各位看官，范成大是吴郡人，为何来

到永州府祁阳县的浯溪？

这还得从浯溪和范氏的经历说起。

浯溪为唐代大诗人、道州刺史元结所发现并命名，并以元结撰文、颜真卿书写的《大唐中兴颂》而驰誉华夏。

其实，《大唐中兴颂》一文是元结于唐上元二年（761）所撰。大历六年（771），元结丁母忧而家于祁阳浯溪，乃请卸任抚州刺史的颜真卿手书此颂，刻于浯溪岸边的石崖。

据《金石萃编》记载：《大唐中兴颂》"碑高丈二尺五寸，宽丈二尺七寸"。也就是说，这方石刻的高、宽都在 450 厘米左右。左行直书，21 行，满行20字，不计题名款署，序颂共有 263 字。与众多的摩崖石刻相比，它以如此巨大的骨架面世，真可谓"鹤立鸡群"，自然格外引人注目。

须知，元结和颜真卿

● 范成大苏州石刻像

都是当时的名人，这方《大唐中兴颂》摩崖石刻的诞生，如同当今市场经济社会两个名企的强强联合，或两位著名演员的携手合作，其魅力可想而知。

元结之后，来此膜拜的人，数不胜数，且有的人相继在此留下题刻，使得浯溪的摩崖石刻越来越多，影响越来越大。只是这些题刻，基本上都是持肯定态度的，认为元结是在讴歌大唐。

到北宋末的崇宁和政和年间，在短短的十年时间里，居然连续出现了七首题咏《大唐中兴颂》的诗刻：崇宁三年（1104），黄庭坚作《书摩崖碑后》；崇宁四年（1105）前后，潘大临作《浯溪中兴颂》；政和三年（1113），张耒作《读中兴颂碑》；政和四年（1114）前后，李清照作《浯溪中兴颂诗和张文潜》两首。

其中，张耒和黄庭坚都是苏轼的学生，位列"苏门四学士"之中，在当时的影响力很大。而李清照虽然只有十六七岁，但她的父亲李格非是"苏门后四学士"之一，李清照本人也是"自少年便有诗名，才力华赡，逼近前辈"，所填词的风格以婉约为主，屹然为一大宗，人称"婉约词宗"。沈谦《填词杂说》将李清照与南唐李后主并提："男中李后主，女中李易安，极是当行本色。"

有了这样的集聚效应，《大唐中兴颂》摩崖石刻自然也吸引了范成大的眼球。

据《宋史·范成大传》记载：

隆兴再讲和，失定受书之礼，上尝悔之。迁成大起居郎，假资政殿大学士，充金祈请国信使。国书专求陵寝。上面谕受书事，成大乞并载书中，不从。至燕山，密草奏，具言受书式，怀之入。初进国书，词气慷慨，金君臣方倾听，成大忽奏曰："两朝既为叔侄，而受书礼未称，臣有疏。"揭笏出之。金主大骇，曰："此岂献书处耶？"左右以笏标起之，成大屹不动，必欲书达。既而归馆所，金主遣伴使宣旨取奏。成大之未起也，金庭纷然，太子欲杀成大，越王止之，竟得全节而归。知静江府。

我们可以从中得知，之前的范成大在宋金隆兴再次和议时，因为态度坚决而引起金朝廷上议论纷纷，金朝太子想杀死范成大，经越王阻止才作罢。范成大终得保全气节而归，被授官集英殿修撰。乾道七年（1171），范成大出知静江府兼广西经略安抚使。

乾道八年（1172）腊月七日，范成大从家乡吴郡（今江苏苏州）出发，南经湖州、余杭，至富阳而入富春江，随后经桐庐、兰溪入衢江，又经信州（今江西上饶）、贵溪、余干而到南昌，再入赣江。

乾道九年（1173）元月十二日，范成大至临江军（今江西樟树），十四日游芗林和盘园。之后，范成大即入赣江支流袁水，过袁州（今江西宜春）、萍乡进入湖南境内。泛湘江南下，至衡山，并陆行经永州浯溪。此次水陆路程近三千里，历时三月。

二

这就是那方令人景仰不已的《大唐中兴颂》摩崖石刻了！

站在石崖前，范成大心里感慨不已：石刻不仅碑面最大，字形也最大，因而显得格外的正大浑阔。此外，从书法的本质来讲，用笔健挺朴质，不屑修饰，依崖石取势，自由自在，无拘无束，确实不错。

可是，从文字内容来看，范成大就有不同看法了。特别是在读了旁边黄庭坚的《书摩崖碑后》石刻之后，范成大感觉自己的观点与黄庭坚的观点大相径庭，有必要像早些来此的那些人一样，进行一番阐述。因此，他在浯溪待了几天，作《书浯溪中兴碑后并序》，请人上石，表达自己的"另类"看法：

> 乾道癸巳春三月，余自西掖出守桂林。九日渡湘江，游浯溪，摩挲中兴石刻洎唐元和至今游客所题。窃谓四诗各有定体，颂者，美盛德之形容，以其成功告于神明者也，商周鲁之遗篇可以概见。今元子乃以鲁史笔法，婉辞含讥，盖之而章，后来词人复发明呈露之。则夫摩崖之碑，乃一罪案，何颂之有？窃以为未安，题五十六字，刻之石傍，与来者共商略之。此诗之出，必有相诟病者，谓不合题破次山碑，此亦习俗固陋，不能越拘挛之见耳。余义正词直，不暇恤也。

诗云：

三颂遗音和者希，丰容宁有刺讥辞？绝怜元子春秋法，都寓唐家清庙诗。歌咏当谐琴搏拊，策书自管璧瑕疵。纷纷健笔刚题破，从此摩崖不是碑。

● 范成大《游浯溪诗》拓片

在范成大看来，颂为歌颂、颂德，"颂者，美盛德之形容，以其成功告于神明者也"，诸如《诗经》"三颂"，则均以颂德为主。其中，"清庙"亦出自《诗·周颂》，以歌颂周文王及群臣，《诗序》有："《清庙》，祀文王也。周公既成洛邑，朝诸侯，率以祀文王焉。"对古圣先贤都是颂扬功德。

而元结写的这篇《大唐中兴颂》，被黄庭坚读出了"言外之意"——悲叹唐代两朝天子忠言不入、再危宗社，进而暗寓宋代时局岌岌可危。"断崖苍藓对立久，冻雨为洗前朝悲。"与其说是黄庭坚题诗作咏，不如说是黄氏透露自己的阴郁心境，"断崖""冻雨"与自家心情对照，党籍谪官，奸臣当道，忠臣化鹃啼血，对国家忧危、朝政黑暗的由衷感慨，饱经忧患后，指向了"中兴颂"的"微意"。

范成大却认为，黄庭坚借中兴颂"以颂寓规"，另有所指，无疑有违君臣之道。在他看来，元结的本意是想为唐朝作颂，却不妥当地运用了春秋笔法来暗寓讥刺。"歌咏当谐琴搏拊，策书自管璧瑕疵"二句，意即颂体本应像抚琴一样的和婉肃穆，元结即使要对朝政瑕疵有所批评，也只应出现在其奏策中，而不应写进《大唐中兴颂》里。

敢把这种唱反调的序和诗摩崖刻石，范成大也是够胆大的了。他坚信自己的观点是正确的，期望以石刻的形式告知后人，或者说让后人来评判。

唯恐后人不理解自己的心迹，除了在浯溪刻石外，范成大到桂林任职后，把自己的旅行日记整理成《骖鸾录》。该书以记录历史掌故、山川景物、民情风俗为主，文字优美，深刻反映了范成大游历途中的心理状态与精神世界，恰好与《书浯溪中兴碑后并序》互相"印证"，直指"中兴颂"的文化主题：

> 夫元子之文，固不为无微意矣。而后来各人贪作议论，复从旁发明呈露之，鲁直诗至谓"抚军监国太子事，何乃趣取大物为"，又云"臣结舂陵二三策，臣甫杜鹃再拜诗。安知臣忠痛至骨，后世但赏琼琚词"。鲁直既倡此论，继作者靡然从之，不复问"歌颂中兴"，但以诋骂肃宗为谈柄。至张安国极矣，曰"楼前下马作奇祟，中兴之功不当罪"，岂有臣子方颂中兴，而傍人遽暴其君之罪，于体安乎？夫颂者，美盛德之形容，以成功告于神明者也。别无他意，非若风雅之有变也。商周鲁三诗，可以概见。

今元子乃以笔削之法，寓之声诗，婉词含讥，盖之而章。

使真有意邪？固已非是。诸公噪其傍又如此，则中兴之

碑乃一罪案，何颂之有？

《骖鸾录》长篇大论补叙《书浯溪中兴碑后并序》文字，围绕元结《大唐中兴颂》刻石的意义进行讨论，最后的指向还是对《大唐中兴颂》刻石的否定，认为"中兴之碑乃一罪案"，不该刊石。

此外，他还对黄庭坚的题刻进行了颇为尖锐的批评。

范成大在当时已经具有很高的知名度了，他也知道自己"唱反调"可能带来的后果。正如《范成大年谱》引载："经浯溪，赋诗谓颂体不宜涉讥讽，郡人以为妄。"

常人讲究规矩，任何狂妄都有可能付出代价。

果不其然。南宋大儒朱熹获悉范成大在浯溪的题刻之后，马上指出："唐肃宗中兴之业，上比汉东京固有愧，而下方晋元帝则有余矣。许右丞之言如此，盖亦有激而云者。然元次山之词，歌功而不颂德，则岂可谓无意也哉？至山谷之诗，推见至隐，以明君臣父子之训，是乃万世不可易之大防，与一时谋利计功之言，益不可同日而语矣。近岁复有诸子妄为刻画，以谤伤之，其说之陋，又许公所不道，直可付一笑云。"

朱熹虽然未点出范成大之名，但聪明人一眼就可以看出，朱熹的议论正是针对范氏而发。在朱熹看来，范成大维护的目标仅是某个皇帝或某个朝代的权威，而元结、黄庭坚两人则要维护千秋万代永远不变的伦理道德准则。前者所争的只是一时的是非，

后者所争的却是千秋的功罪。

朱熹毕竟是一代理学宗师，他以卓越的见识和深邃的目光肯定了元结、黄庭坚的观点。在他的影响力下，范成大浯溪《书浯溪中兴碑后并序》石刻的结果自然凶多吉少了。

这是范成大做梦都没有想到的。

由于范氏在浯溪的题刻过于炫目，关涉浯溪文化史的书写甚巨，忽视了该批判对后世的影响。为了维护元、颜的尊严，特别是在朱熹阐明观点之后，后人不得不将此碑铲除，地方志编纂者也有意删改甚至批判，诸如《浯溪志》记载："此诗碑在石屏，被后人铲削，石沿尚存'吴郡石湖范'五字。旧溪志、县志均不收录。"

三

范成大第一次到浯溪，除了《书浯溪中兴碑后并序》之外，还刻有一首《游浯溪诗》，内容如下：

浯溪一峰插天齐，上有李唐《中兴碑》。肃宗勋业愈烜赫，次山文字真崛奇。我昔为州坐两载，吏鞅缚束马就羁。咫尺名山不可到，抱恨常若有所遗。兹游得遂偿素愿，况有文字古一夔。周遭岩壑寻胜迹，摩挲石刻立多时。野僧半解知人意，满卮笑觇酒一杯。

遗憾的是，此碑已残。据湖南省文物事业管理局与祁阳县浯溪文物管理处合编的《浯溪碑林》介绍："此诗系残碑，碑高35cm，宽29cm。题隶书，字大8cm，诗行楷，字大3cm。范成大工诗能书，为南宋大家。师法黄鲁直、米南宫，而自变其体。遒劲可爱，生意郁然。"

另，据《苍润轩碑跋》称："'笔墨标的，步骋苏黄之下。'浯溪此碑虽小楷，却'遒劲可观'，其文溪志、县志均有收录。"

从浯溪溯流而上，便经过永州古城。曾经谪居永州十年的唐代大诗人柳宗元，以其优秀的思想、卓越的文学成就被后人所景仰，特别是他笔下的永州山水，以小见大，如诗如画，令人心驰神往。如此一来，柳宗元自然也是范成大心目中的偶像。

一个人与一座城的联系，是很讲究缘分的。有的人对一座城充满向往，而毕其一生之努力却不能遂愿。有的人偶尔途经一座城，却因某篇诗文或某个故事，而成就千古佳话。

柳宗元像一个三百多年前的渔翁，他以愚溪为线，以诗文为钩，钓上了范成大的心。

范成大令官船左转，驶入潇水，溯流而上游览了愚溪，并写下了《愚溪在零陵城》一诗：

愚溪在零陵城对岸，渡江即至。溪甚狭，一石涧耳，盖众山之水，流出湘中。

一水弯环罗带阔，千古零陵擅风月。取名如许安得愚，因病成妍却奇绝。至今镜净不可唾，犹恐先生遗翰墨。

泽及溪流不庇身，付与后来商巧拙。我俗扁舟穷石涧，
春涨未生寒濑咽。纷红骇绿四山空，惟有风箨韵骚屑。
清溪东去客西征，钴鉧潭边聊驻节。何时随汝下潇湘，归
路三千橹伊轧。

不难看出，这首诗用象征手法称愚溪"因病成妍却奇绝"，
实际上是称赞柳宗元虽遭贬谪，身居偏远荒僻的永州，却能取得
卓越成就，使永州山水都受其恩泽，表达了作者对柳宗元的景仰
之情。

永州是柳子的福地，让他拥有了流芳百世的口碑。不知何处
才是我范某人的福地？

四

淳熙二年（1175），范成大从桂林启程，赴四川上任，途经
永州时泊舟湘口，又写下了《夜泊湘口并序》：

湘口夜泊，南去零陵十里矣。营水来自营道，过零陵
下，湘水自桂林之海阳至此，与营会合为一江。

我从清湘发源来，直送湘流入营水。故人亭前合江处，
暮夜樯竿矗沙尾。却从湘口望湘南，城郭山川恍难纪。
万壑千岩诗不遍，惟有苍苔痕屐齿。三年瘴雾亦奇绝，
浮世登临如此几？湖南山色夹江来，无复瑶簪插天起。

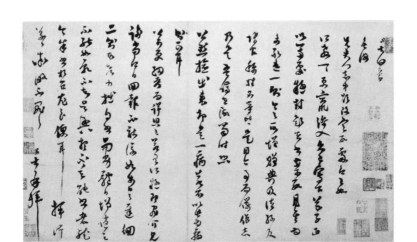

● 范成大《垂诲帖》

坡陀狠石蹲清涨，淡荡光风浮白芷。骚人魂散若为招，
伤心极目春千里。我亦江南转蓬客，白鸟愁烟思故垒。
远游虽好不如归，一声鹈鸠花如洗。

湘口为潇水与湘江汇合处。诗中的营水为潇水之古称。这首
诗写景不拘泥于泊舟湘口所见风光景物，而是驰骋想象，将辽阔
的"城郭山川""万壑千崖"呈现给读者，寄托了诗人的身世漂
泊之感和家国之忧，篇末还流露出归隐之意。

顺流而下，不久便到浯溪。

再次经过，范成大心中感慨不已。他想起对浯溪情有独钟的
元结，还有那些众多的摩崖石刻，特别是自己上次经过时的题刻，
在社会上引起了较大非议，不知是否被人破坏。因此，他又上岸
去观摩石刻。

在桂林的几年，正是他诗文创作的高峰期，足迹所至，往往临水登山、赏音吟诗，这既是一种人生态度与林泉之趣，也是为涵咏性情、仰怀先贤。而今，重游旧地浯溪，心中自然感慨不已，略做思考，一首《浯溪道中》的诗歌随即诞生：

江流去不定，山石来无穷。步步有胜处，水清石玲珑。
安得扁舟系绝壁，卧听渔童吹短笛。弄水看山到月明，
过尽行人不相识。

是啊，浯溪的奇石泉壑之美，可谓一山一水，一石一歌，别有风趣。遗憾的是古往今来，不少人从她跟前经过，却没有发现她的美丽。

浯溪的摩崖石刻如此，许多贤士心中的抱负何尝不是如此？

平时默默无闻，只有在国家需要之际，才会挺身而出！

风月千古，江山万年。

站在《大唐中兴颂》摩崖石刻前，范成大心中蓦然醒悟：即便一个人渺小得像书籍中的一个标点符号，也要把自己的位置摆正，为文章断好句，表好情。特别是在关键时刻要积极站出来，为国家和民族做出应有的贡献！

像 通 季 蔡

24 蔡元定

朝圣濂溪故里
的士人
——蔡元定永州打卡记

○ 向薛峰

※ 打卡时间：南宋庆元三年（1197）

※ 打卡地点：道县

一

　　时代的一粒灰，落到个人头上，就是一座山。

　　千百年来，文人看似相同的命运在历史的长河中反复上演，世人却乐此不疲地欣赏着一场场看似相同的故事。在如此的平凡中，有些文人却能激起生命的浪花，惊涛拍岸，让人铭记于心。蔡元定便是如此。

　　南宋绍兴五年（1135），蔡元定生于建宁府建阳县。《宋史·蔡元定传》记载他生而颖悟，八岁就能作诗，一天可以写下洋洋洒洒数千言，这无疑是人们所说的神童了。关于这位神童的诞生，他的父亲蔡发也做出了自己的努力，那就是对其进行"胎教"。詹体仁在《蔡牧堂公墓表》

中记载了蔡发"常设古今圣贤像，俾使詹氏（元定母）日夕观之，以踵太任胎教之风。故季通（元定）生而聪睿超群，高出常儿"。这样一来，似乎可以理解蔡元定为什么天赋异禀了。

"天予不取，反受其咎"，蔡发深知这个道理，他也不愿意埋没自己的儿子，使之成为仲永那样的人物。于是他开始将毕生所学悉数传给自己的儿子，所以蔡元定十九岁的时候就能秉承父志，登西山绝顶，构筑书屋，忍饥吞野，刻意读书，对天文、地理、兵制、礼乐、度数等无所不通。凡古书奇辞奥句，学者不能分句，元定过目，即能梳理剖析，无不畅达。也难怪朱熹后来说别人读容易的书都觉得难，蔡元定反而读难懂的书也倍加容易。

提到朱熹，人们都知道他是集理学之大成的鸿儒，但少有人知道，这位仅仅比蔡元定年长五岁的人物影响了蔡元定的一生。所谓"良师益友，相得益彰"，称他们二位，则十分恰当。蔡元定二十五岁时就前往五夫向朱熹讨教《易经》，朱熹见他谈吐非凡，即惊奇地说："此吾老友也，不当在弟子之列。"于是朱、蔡二人师友相称，研究学问，著书讲学，长达

● 蔡元定

四十年，亲密无间，蔡元定在学术上成为朱熹的左肱右臂。值得称赞的是，即便他博古通今，却不追求利禄，不醉心功名，四十不就科举，诸臣举荐于朝，皇帝下诏，他都坚以疾辞，一心以研究学问、著书立说为己任，留下《律吕新书》《皇极经世指要》《八陈图说》等十四种著作于世。

时来天地同借力，运去英雄不自由。

上天仿佛和蔡元定开了个大大的玩笑，即使自己远离宦海沉浮，皓首穷经，以读书究理为乐，也逃不开命运的枷锁和必修的苦难。似乎这样，人生才得以圆满，天骄才得以成全。

庆元三年（1197），权臣韩侂胄擅政，制造"伪学之禁"，指认道学为"伪学"，把"四书""六经"定为禁书，诬奏伪党五十九人，朱熹被打成"伪学魁首"，去职罢祠。治毫无功名，仅是士人身份的蔡元定以朱熹的左右羽翼之罪，贬为湖南道州编管。

切磋琢磨无功，读书明理有罪。这是何等的荒谬？

在社会处于病态的时候，真正有头脑的人，也可以不随社会而病，可以逆流而动，有所作为。

蔡元定得到消息，甚至没有向家人告别，立即前往府治报到，唯有三子蔡沉，学生邱崇相随，朱熹与从学者百余人为他饯行，许多人感伤而泣下，他却泰然自若，不异平常，直至临行前，对客挥毫，赋诗一首，仿佛三千里的尘土并不值得动心，甚至离去也不值得转身，只是大踏步地往前走，往未知处走，只是向后方的人群摆了摆手，不必送了。

谪舂陵别诸友

天道固溟漠，世路尤险巇。

吾生本自浮，与物多瑕疵。

此去知何事，生死不可期。

执手笑相别，无为儿女悲。

轻醉壮行色，扶摇动征衣。

断不负所学，此心天所知。

"执手笑相别，无为儿女悲""断不负所学，此心天所知"，只是二十个音节的组合，却仿佛拥有这世界上最强大的力量，包含这世界上所有的感情。似乎可以理解什么叫"托体同山阿"了。读罢此诗，朱熹叹曰："友朋相爱之情，季通不挫之志，可谓两得矣！"并拜托蔡元定，到道州之后一定记得代他添香祭拜濂溪先生。朱熹酒醒后另修书一封，托人快马送达蔡元定，再次叮嘱说："至舂陵（即道州），烦为问学中濂溪祠堂无恙否？"

翌日，蔡元定就像一个朝圣者，向着既定的目标，开始在严寒风雪中，杖履步行千里，看遍那些尘与土、云和月。他全然不顾自己此后的命运，也不顾自己含冤负屈的事实，只是向着道州、向着濂溪故里、向着心中的圣地，说着"我来了"。

千山我独行，不必相送。

二

跟风能获得生存，但同时会失去自我。

● 宋理宗为表彰蔡元定御书"西山"二字（资料图片）

可以设想，如果蔡元定当时站出来随旁人一道对朱熹落井下石，便有极大的可能逃脱这场"厄运"，如果被贬濂溪故里对他而言是"厄运"的话。对当时权倾朝野的韩侂胄来说，坚贞不屈的蔡元定就如同是在巨龙面前不肯低头的蚂蚁，只是一介书生、三尺微命，如果能低下头，站"对"队，和自己一同指责朱熹，批驳理学，放他一马也未尝不可。可他没有想到，蔡元定的信仰就是理学，蔡元定并不屑于在墓志铭上镌刻卑鄙，而是想用高尚作为沟通圣贤的通行证。是啊，被贬道州，被贬濂溪故里或许对那些汲汲于富贵的人来讲是一场"厄运"，但对蔡元定来说反而是朝圣的开始。

道州也曾称舂陵。元朔五年（前124），汉武帝封长沙王刘发（定王）之子刘买为舂陵侯，治所在今宁远县柏家坪镇，后筑舂陵古城。秦朝时，在今宁远东北置舂陵，后废。三国时孙吴政权复置于今宁远县西部，隋朝时并入营道县。昔人有"舂陵，古之道州也"之语。道州虽然历史沿革悠久，但在当时的中原王朝看来，这里地偏路远，气候恶劣，所以道州也一度被当成是各级贬谪官员的去处。

世事有时候就是如此，生命的有限在一定程度上是成全，可以让人在山水间自由徜徉，有时甚至会让人忘却那些孤独与忧伤。

总是不缺这样的人，勇于昂首阔步，他们胸襟开阔，自然前程宽广。他们不因狂风暴雨而怨天，不因脚踏泥泞而怨地，不因摩肩接踵而尤人，举胸中块垒与雷霆碰杯，倾一腔热血与朝阳争辉。

当蔡元定踏上道州这片土地，他就知道自己来对了地方。

道州有虞舜南巡的传说，有欸乃声声的渔歌；有浅浅弯弯的濂溪水，有方方正正的《九嶷山铭》；有淅淅沥沥的连夜雨，有干干净净的读书声。当然对蔡元定来说最重要的还是这里是濂溪故里，是周敦颐的启蒙之地，从虞舜到濂溪，道统一脉相承，在这里再读周子的《通书》，蔡元定或许会突然惊醒，一道天光直启内心，原来周敦颐他们留下的那些文字，抚慰了千千万万个真真正正伤心的人，原来自己所经历的那些苦难早就有人经历过。我虽然不幸，可天底下的不幸者，又岂止我一个？当一个人从自身的痛苦中抽离出来，开始能够体会到其他人的痛苦时，他也就得到了某种解脱。于是蔡元定在道州濂溪故里彻底理解了周敦颐。除了讲学论道，他还前往濂溪书院祭祀，谒豸山周敦颐濂溪故居，祭濂溪祠，登九嶷山叩舜帝陵。

道州大地上蔡元定的脚印，构成了他的余生。

朱熹曾将蔡元定与著名学者张栻相提并论，给予了其高的评价。

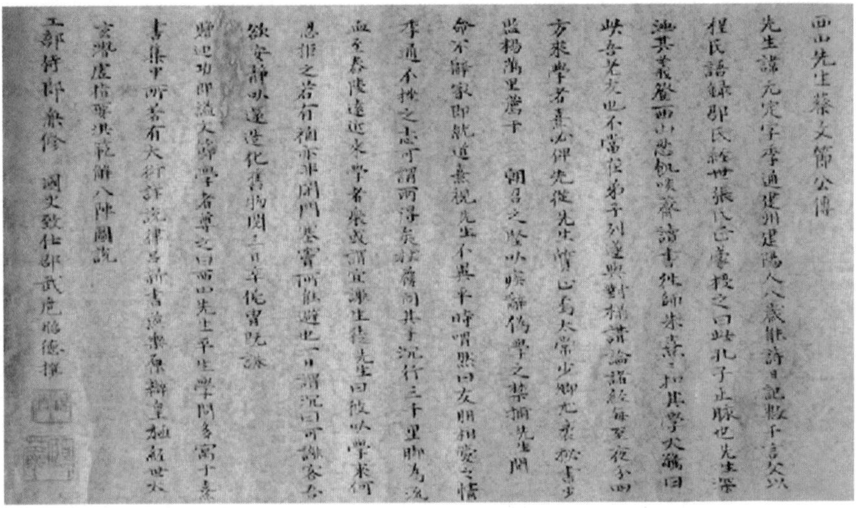

● 危昭德《西山先生蔡文节公传》

西山先生蔡文節公傳

先生諱元定字季通建州建陽人八歲能詩日記數千言父以
程氏語錄邵氏經世張氏正蒙授之曰此孔子正脈也先生深
涵其義登西山忍飢啖薺讀書從師朱熹熹扣其學大驚曰
此吾老友也不當在弟子列遂與對榻講論諸經每至夜分四
方來學者熹必俾先從先生質正焉太常少卿尤袤秘書少
監楊萬里薦于 朝召之堅以疾辭偽學之禁播先生聞
命不辭家即就道熹視先生不異平時喟然曰友朋相愛之情
季通不挫之志可謂兩得矣杖屨同其子沉行三千里腳為流
血至舂陵遠近來學者衆或謂宜謝生徒先生曰彼以學來何
忍拒之若有禍亦非閉門塞竇所能避也一日謂沉曰可謝客吾
欲安靜以還造化舊物閱三日卒侂胄既誅
贈迪功郎諡文節學者尊之曰西山先生平生學問多寓于熹
書集中所著有大衍詳說律呂新書燕樂原辯皇極經世太
玄潛虛指要洪範解八陣圖說
工部侍郎兼修 國史致仕邵武危昭德撰

● 危昭德《西山先生蔡文节公传》

> 风月平生意，江湖自在身。
>
> 年华供转徙，眼界得清新。
>
> 试问西山雨，何如湘水春？
>
> 悠然一长啸，绝妙两无伦。

张栻和蔡元定这两位湖湘大地的"游客"，的确是给永州带来了活力与生机。西山雨，湘水春，一长啸，两无伦。谁也没有想到，朝圣者真的永远留在了圣地，或许这也是最好的结局。他可以永远与濂溪先生在一起了。

庆元四年（1198），蔡元定在道州逝世，朱熹三撰诔文，深致其哀。文曰："惟君学通古今，道极渊微，精诣之识，卓绝之才，不可屈之志，不可夺之节，有不可穷之辩，有继往开来之功，今不可复得而见之矣。"

蔡元定客逝他乡九年后，也就是开禧三年（1207），皇帝奋发英断，诛韩侂胄，治乱政。朱熹学生、蔡元定好友真德秀出任参知政事，与同仁一道努力为理学翻案，朱、蔡冤案终得昭雪，追赠蔡元定迪功郎。宝祐四年（1256）赠太子太傅，谥文节。明嘉靖九年（1530）颁诏元定崇祀启圣祠。

蔡元定在程朱理学的发展史乃至中国思想发展史上具有重要的地位，后来学者黄宗羲做出如下中肯评价："濂溪、明道、伊川、横渠，讲道盛矣，因数明理，复有·邵康节出焉；晦庵、南轩、东莱、象山，讲道盛矣，因数明理，复有一蔡西山出焉。孔孟教人，言理不言数。（然天地之间，有理必有数，二者未尝相离，河图、洛书与危微精一之语并传。）邵、蔡二子欲发诸子之所未发，而使理与数粲然于天地之间，其功亦不细矣。"

即使到了今天，蔡元定也一直活在永州百姓的心里，不曾走远，从未离开。

《道州志》载，南宋淳祐年间，州人建"蔡西山祠"于老街十字街（即今道县一中附近），由此可见，道州百姓十分怀念蔡元定。在零陵古城西南二华里潇水西岸之朝阳岩，临江峭壁岩背山上，有明嘉靖壬寅年（1542）建，清咸丰八年（1858）及民国八年（1919）修缮的寓贤祠，祀唐宋被谪官永州、道州的诸贤。元结、黄庭坚、苏轼、苏辙、邹浩、范纯仁、范祖禹、张浚、胡铨、蔡元定并称"寓贤十贤"。

"试问西山雨，何如湘水春？"蔡元定这位朝圣濂溪故里的士人，永远地留在了潇湘。

25 文天祥

『忠孝廉节』的
忠实践行者
——文天祥永州打卡记

○ 洋中鱼

※ 打卡时间：咸淳九年（1273）

※ 打卡地点：上甘棠，永州贡院

一

"忠"字，出自《论语》，如："君使臣以礼，臣事君以忠""居之无倦，行之以忠"等。常见词语有忠心、忠于，指对祖国忠心。

"孝"字，出自民间流传甚久的"孝感动天"故事，与上古五帝之一的虞舜有关。《孝经·开宗明义》讲："夫孝，德之本也。"古语云："百事孝为先。""孝"字的汉字构成，上为老，下为子，意思是子能承其亲，并能顺其意。

"廉"字，《说文》注曰："仄也。从广，兼声。"《玉篇》注："廉，清也。"《庄子·让王》曰："人犯其唯，我享其利，非廉也。"《释名·释言语》："廉，敛也，自检敛也。"从古到今，"廉"就是为官清廉，不索取。

"节"字，《说文解字》："节，竹约也。从竹、即声。"原本是指竹子的一段，后来被比作事物的一段（如一节车厢、一节课等），但在中国古代士大夫眼里，它更象征着一种操守、一种人品。《荀子·王霸》："士大夫莫不敬节死制。"指为人处世要有气节。

两千多年来，"忠孝廉节"一直是中国伦理的核心思想，孝悌忠信、守节自重、廉洁自律、济世救民的优秀传统被世代传承。

疾风知劲草，千秋忠义壮河山。

只有狂风大作，才知道哪一种草吹不弯、折不断；只有在乱世之中，才知道谁是真正的忠臣。宋朝统治者提倡忠义精神。在宋之前，战国时期的屈原，汉代的苏武，唐代的颜真卿，等等，都是守节的榜样。

大宋三百多年，忠臣甚多，然而，同时彰显"忠孝廉节"的人，非文天祥莫属。

● 江永上甘棠月陂亭忠孝廉节碑拓片（右排）（洋中鱼 摄影）

● 江永上甘棠月陂亭"忠孝廉节"摩崖石刻（洋中鱼 摄影）

二

　　文天祥命途多舛，他的个人命运跟那个时代的国家命运一样，让人唏嘘和心疼。

　　他祖籍四川成都，出生于江西庐陵县。父亲文仪，字士表，人称革斋先生，学识渊博。母亲曾德慈，吉州泰和县梅溪人。文氏家风严正，为人善良。

　　文天祥十六岁那年，也就是宋理宗淳祐十一年（1251），蒙哥即蒙古国汗位，南宋百姓可能没有在意，殊不知身边已忽然冒出一头狮子。第二年，蒙哥命其弟忽必烈率兵征云南，灭大理。从此，南宋陷入蒙古军南北包围之中。

　　理宗宝祐三年（1255），二十岁的文天祥进吉州白鹭洲书院读书。书院山长是江万里的弟子欧阳守道。由于学习刻苦，当年文天祥便考中吉州贡士。

第二年的正月十五日，父亲文仪送文天祥及他的弟弟文璧到达临安（今杭州）参加省试。二月初一，礼部发放初榜，文天祥及文璧均榜上有名。五月八日，文天祥在集英殿参加殿试。结果在601名考生中取得第一名，成为状元。

悲喜为邻，变幻难测。就在文天祥中状元的第二天，也就是五月二十五日，父亲文仪病重，文天祥在旅舍侍奉汤药。二十八日，文仪客逝临安，终年42岁。

文天祥由此守孝三年，直到理宗开庆元年（1259）五月，朝廷才补授他为承事郎、签书宁海军节度判官厅公事，正式步入仕途。

景定五年（1264）十一月，二十九岁的文天祥由礼部郎官改任江西提刑。回到家乡担任提刑本是一件开心的事情，哪知不到半年，文天祥便遭遇麻烦。

宋度宗咸淳元年（1265）四月，御史黄万石弹劾刚刚上任的江西提刑文天祥不称职。事情是由文天祥的伯祖母梁夫人去世引起的，梁夫人是文天祥父亲文仪的生母，后来文仪出继给叔父，于是叔父变成了父亲，生父母变成了伯父、伯母。文仪的生父去世后，梁夫人改嫁到刘家。文仪成年后，与梁夫人仍有往来。从血缘关系上讲，她是文天祥的亲祖母，但从宗法关系上讲，她却是文天祥的伯祖母。她改节再嫁，已经是刘家的人了。因此她去世时，文天祥申请解除官职"承心制"，即只服心丧，不穿丧服。

本来这是符合封建礼教的，但攻击者说他隐瞒事实，不为亲人服丧，给他扣上了"违礼""不孝"的大帽子。在封建礼教极盛的宋代，这一罪名足以在政治上置人于死地。

这件事闹得很大，以致文天祥的老师欧阳守道和曾凤都站出来，为文天祥申辩。文天祥最终打赢了这场孝道官司，朝廷下令准许他承心制，但这件事前后拖了一年多，耗人精力，真是飞来横祸。这件事对文天祥的影响很深，以至于他把"孝"看得十分重要。

接下来的七年中，文天祥两次回乡隐居，时间长达四年。

度宗咸淳九年（1273）正月，文天祥的老师欧阳守道病逝，文天祥撰写《祭欧阳巽斋先生》一文，以表纪念。不久，朝廷任命文天祥为湖南提刑。

三月，文天祥结束了两年多的隐居生活，离开家乡，启程赴湖南。这时，恰好江万里任湖南安抚使，知潭州（今长沙）。他是数月前在循州被贬后担任这一职务的，这一年已经76岁了。文天祥自认是江万里的再传弟子，便去潭州拜见他。两人相见后十分高兴，一起议论国事。这几年，宋元战事发生了重大转折，元军攻破宋军长期困守的重镇樊城和襄阳，顺汉水而下，步步进逼，临安为之震动。江万里感慨地说："吾老矣！观天时人事，当有变。吾阅人多矣，世道之责，其在君乎！"他感到自己年事已高，不能为国效力，把挽救危局的希望，寄托在文天祥身上。

江万里没预料到，文天祥在湖南待的时间并不长，他离开湖南的理由是，要回原籍服侍年迈的祖母与母亲。朝廷答应了文天祥的请求，同时命他知赣州。

文天祥从咸淳九年正月被任命为湖南提刑，三月赴任。咸淳十年（1274）正月二十五日从衡阳出发，回家乡江西庐陵。休息十天，三月二日到达赣州任职。这么算来，他任湖南提刑的实际时间不足一年，仅九个多月。

三

文天祥在湖南任上，暂时远离前线的烽火，只能尽自己所能，在地方上办一点实事。为了了解民情，他曾到衡阳、永州、道州等地巡视，正式打卡永州。

这期间，他曾率兵镇压过活跃在今湘、桂交界处的秦孟四农民起义军，但到他离任时，义军仍在活动。

上甘棠是个古村，也曾是古谢沐县治，它位于永州市的江永县。村庄南面的月陂亭，曾是道州通往广西的古驿道行经处，那里山崖下的凹处，弯如新月，因为垂崖也可遮雨，有几分像亭子，故名月陂亭。这里有唐、宋、明、清各个朝代的石刻近 30 方。内容涉及重大记事、劝谕警示、景点命名、往来唱和、祈求祷告等。当地老百姓称，最珍贵的就是文天祥的手书"忠孝廉节"四个大字。

关于这四个字的来源，村民解释说，文天祥率兵镇压广西路恭城秦孟四起义时，曾驻扎江永上甘棠两个多月。《文天祥全集》收录了他在江永与左丞相兼枢密使江万里的数十封通信，清道光《永明县志》亦有收录。

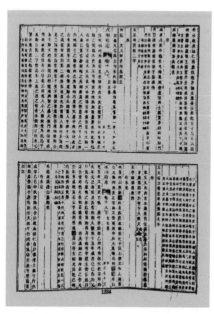

● 《永州府志》关于文天祥的题刻记载

他在《回永州杨守履顺》中说："君相之所柬知，石崖齐天，唐中兴颂功处也。""从上甘棠刻第二颂，旗常濯濯。"可见，文天祥为上甘棠人题过词。

上甘棠村有家谱资料记载，族人周德厚曾任杭州太守，与文天祥情同手足。文天祥在驻扎江永的兵营时，为他题写了"忠孝廉节"四个字。文天祥为国捐躯后，人们十分敬佩，以不同方式纪念他。

到了清乾隆二十八年（1763），永明县令王伟士得知文天祥有手书藏于民间，出于对文天祥的敬重与缅怀，于是，他亲自到上甘棠找到原件，摹刻到月陂亭。

其实，文天祥在永州至少还有一处题刻，那就是他为永州贡院题写了"贡院"二字，道光《永州府志》载曰："贡院，文天祥书杨履顺立"，遗憾的是，这方题刻已经遗失了。

此外，道光《永州府志》载："东安文氏由吉水迁居，实信国后裔，其宗祠刻信国遗笔'忠孝廉节'四字于壁，字大数尺。"它与上甘棠摩崖石刻，孰先孰后，有待进一步考证。

四

在我看来，文天祥是"忠孝廉节"的忠实践行者。在整个宋代，特别是南宋，只有他配得上这四个字。

先说"忠"。文天祥忠于国家的事迹很多，略举一二便知。

恭帝德祐元年（1275）正月十三日，文天祥接到太皇太后诏旨："照已降旨，疾速起发勤王义士，前赴行在。"文天祥捧诏痛哭，三天后"尽以家赀为军费"，组织义兵，起兵勤王。当时，一位朋友劝他说："今大兵三道鼓行，破郊畿，薄内地，君以乌合万余赴之，是何异驱群羊而搏猛虎。"文天祥答说："吾亦知其然也。第国家养育臣庶三百余年，一旦有急，征天下兵，无一人一骑入关者，吾深恨于此。故不自量力，而以身徇之，庶天下忠臣义士将有闻风而起者。义胜者谋立，人众者功济，如此则社稷犹可保也。"

恭帝德祐二年（1276）二月二十九日晚，被元军押送北上的文天祥一行在镇江设法逃了出来，他历尽艰险，到达真州（今江苏仪征）。后来，为了追寻王室，辗转到福建福安，被授予通议大夫、右丞相兼枢密使、都督诸路军马等职。他"连上章辞"，改授为枢密使、同都督诸路军马。七月初四，文天祥从福安启程，十三日到达南剑，开府募兵，继续抗元。

可见他心里时时刻刻以江山社稷为重，对国家忠心耿耿。

次说"孝"。由于父亲在文天祥二十一岁时就去世了，之后，文天祥对祖母和母亲十分孝顺。咸淳九年被任命为湖南提刑期间，为了照顾祖母和母亲，文天祥请求调回江西，朝廷便任命他出知赣州。

德祐元年，文天祥奉命带兵驻守隆兴（今江西南昌）。不久，祖母刘夫人病故，文天祥回乡料理丧事。处理完丧事后，他又匆匆赶回军中。

祥兴元年（1278）九月，战事吃紧时，母亲曾氏病逝，文天祥也简单操办丧事，并委托人设法将母亲灵柩运回家乡。

再说"廉"。文天祥虽然于理宗宝祐四年（1256）中举，但因为父亲文仪同年去世，他守孝三年，直至开庆元年（1259）五月，朝廷补授文天祥为承事郎、签书宁海军节度判官厅公事，文天祥正式踏入仕途，到至元十九年（1282）英勇就义，他在官场二十三年，没有因为贪腐行为被举报和弹劾，其资财都是朝廷发给的俸禄和奖励。甚至，在起兵勤王时，还把家里的钱财拿了出来。

最后说"节"。这是文天祥最灿烂的人生光环，可以说中国历史上，没有几个人能与之媲美。

德祐二年正月十九日，谢太后拜文天祥为右丞相。第二天，文天祥和吴坚、贾余庆、谢堂等人到皋亭山明因寺的伯颜营中。这时候，文天祥自己想以资政殿学士的身份谈判，但在宋廷没有任命新的右丞相之时，他实际上仍是右丞相。

文天祥见到伯颜，毫不畏惧，怒斥元军入侵。伯颜把文天祥扣留下来，却把其他人放了回去。吴坚、贾余庆等人被放回后，第二天带着降表又来到元营。刘岳申《文丞相传》曰："明日，左丞相吴坚、右丞相贾余庆、同知枢密院事谢堂、签书枢密院事家铉翁、同签书枢密院事刘岊与吕师孟奉降表至。"这时候，贾余庆的身份就是右丞相了。

所以文天祥担任右丞相的职务，满打满算也不过一天半的时间，而且二十日一天都是在元营度过的。但他不辱使命，抱定讲和而不乞和，谈判而不投降的宗旨，与伯颜展开了针锋相对的斗争，尽管这时宋廷已经屈膝投降。

景炎二年（1277），文天祥空坑脱险之后，收集散兵，听说潮阳当地有一座缅记唐代忠烈张巡、许远的双忠庙，于是瞻仰进谒。有感于张巡、许远安史之乱死保睢阳为国尽节，作《沁园春·题潮阳张许二公庙》诗一首，开篇就是"为子死孝，为臣死忠，死又何妨"，令人无不动容。

祥兴二年（1279）正月初二日，元军击溃文天祥督府军后，把文天祥囚于船上，押往厓山。十三日，元军到达厓山。元军大将张弘范逼文天祥书谕张世杰，劝其投降。文天祥书《过零丁洋》诗作为回答，其中"人生自古谁无死，留取丹心照汗青"成为千古名句。

同年十月初一日，文天祥被押送到大都（今北京）。初五日，移至兵马司关押，"枷项缚手"。

此后，被囚禁三年，历经利诱劝降、严刑拷打、宰相庭审、亲情威逼等考验，但他不为高官厚禄所动，就义时在衣带上写下"孔曰成仁，孟曰取义，惟其义尽，所以仁至。读圣贤书，所学何事？而今而后，庶几无愧"的诗句，视死如归。

文天祥元营被拘而不惧，五坡岭被俘而不降，大都被囚而不屈，尤其是长年累月的囚徒生活，已经使他的形象具有了悲剧英雄的色彩。

邓光荐《文丞相传》云："至刑所，问左右：'孰南向？'于是南向再拜曰：'臣报国至此矣！'遂受刑。"赵弼的《续宋丞相文文山传》对文天祥受刑时的描写颇为详细：公至柴市，观者万人。公问市人："孰为南面？"或有指之者，公即向南再拜。索纸笔书二诗云："昔年单舸走维扬，万死逃生辅宋皇。天地不容兴社稷，邦家无主失忠良。神归嵩岳风雷变，气吐烟云草树荒。南望九泉何处是？尘沙暗淡路茫茫。""衣冠七载混毡裘，憔悴形容似楚囚。龙驭两宫崖岭月，貔貅万灶海门秋。天荒地老英雄散，国破家亡事业休。惟有一腔忠烈气，碧空长共暮云愁。"书毕，掷笔于地，谓监刑者曰："吾事已毕，心无作矣。"南面端坐待命。观者无不流涕。

文天祥用他四十八岁的血肉之躯实践了"忠孝廉节"的崇高诺言，高唱了一首威武不屈的"正气歌"。他生前著有《文山诗集》《指南录》《指南后录》《正气歌》等，其诗作名句"人生自古谁无死，留取丹心照汗青"，耳熟能详，千古流传。

如果仔细端详上甘棠月陂亭的"忠孝廉节"石刻，可以发现字如其人，耿直忠烈，大义凛然，其爱国丹心，惊天地而泣鬼神，久久地震撼着你的心灵。

26 小云石海涯

游戏人间的
维吾尔族赤子
——小云石海涯永州打卡记

○ 向薛峰

※ 打卡时间：元成宗大德十年（1306）

※ 打卡地点：永州

　　我会毫不犹豫地奔向梦想，这次，每次，次次。

　　平凡人永远无法理解天才，也永远无法成为天才。因为每一个天才都无法复制，所以不能量产，于是稀少的天才往往为人津津乐道，人们感发于他们的传奇，历史原本沉闷，他们奔跑时带起了风。而小云石海涯似乎更为特殊，他是一位来自维吾尔族的天才，在短短的一生之中，毫不犹豫地追逐梦想，活成了自己想要的样子。

　　小云石海涯出生于元世祖至元二十三年（1286），属高昌回鹘（维吾尔族祖先）贵胄后裔，含着金汤匙出生的他集万千宠爱于一身，仿佛得到了世界上所有的幸运。

他的祖父阿里海涯是元朝开国功臣，南征北讨，攻城略地，所向披靡；曾先后出任右丞、平章政事等，经略湖广达十二年之久。他的父亲贯只哥托庇祖荫，长期在南方担任军政要职。根据蒋一葵《尧山堂外纪》记载，小云石海涯以父亲名字中的"贯"作为姓氏，取汉族名"贯云石"，自号"酸斋"。

小云石海涯出生后"神采秀异"，整个青少年时期顺风顺水，被赞誉为本族的天才。十二三岁的时候，就膂力过人，精通骑射，可以任意跨骑三匹烈马，挽强弓、逐猛兽。又能折节读书，一目五行，语言文雅，从来没有陈词滥调，文思常常出人意料。可以说他的身上既有"善骑射、工马槊"的游牧民族特点，也有受汉民族文化熏陶后的文雅之气。

元成宗大德十年（1306），年方二十的小云石海涯承袭父爵，出任两淮万户达鲁花赤。达鲁花赤是蒙元时期特有的职官称谓，蒙古语中是"镇守者、制裁者、掌印者"的意思。如此一来，这

● 小云石海涯《中舟》横幅，纸本行书（资料图片）

位春风得意、血气方刚、文武双全的青年军官，成为一个管辖着十一万户百姓，统率着七千将士的三品军政要员。

可是爱欲之人，犹如执炬，逆风而行，必有烧手之患。

小云石海涯早早就明白了这个道理，又怎么会汲汲于富贵，潜心于宦海沉浮呢？什么利禄功名，似乎与这位游戏人间的赤子相距太远，这位维吾尔族的少年身上，应该有的是草长莺飞，是清风明月，是一切美好善良又可爱的事物。

于是在二十三岁时，他把世袭的官职让给弟弟忽都海涯，自己北上去拜著名学者姚燧为师，姚燧"大奇其才"，收为门生。

或许是因为"剑未佩妥，出门已是江湖"的不适，又或许是那方小小的金印，怎么也比不上浅浅的书香。

他在跟随师父姚燧治学的日子里，结识了程文海、赵孟頫、袁桷等文坛前辈，得到他们的赏识，他也认真地向他们学习。姚燧"于当世文章士少许可"，却连连称赞小云石海涯"古文峭厉有法""歌行古乐府慷慨激烈""才气英迈，宜居代言之选"（见邓文原《贯公文集序》），于是多次在太子爱育黎拔力八达（即元仁宗）面前荐举他，使"选为英宗潜邸说书秀才"。这也激发了他报效国家的热情。

小人谋生，君子谋国，大丈夫谋天下。

如果自己的满腔热血和一身才华不能挥洒，那对自己、国家和社会来说都是一种损失，于是小云石海涯的第二次仕宦经历开始了。

元仁宗皇庆二年（1313），二十七岁的小云石海涯被任命为

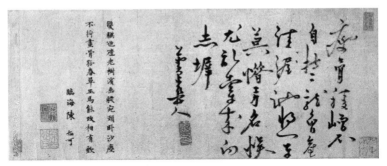

● 小云石海涯题赵孟頫《双骏图》，纸本草书，台北故宫博物院藏（资料图片）

翰林侍读学士、中奉大夫、知制诰同修国史。据《续资治通鉴》第一百九十八卷记载，元仁宗曾说："翰林、集贤儒臣，朕自选用，汝等毋辄拟进。人言御史台任重，朕谓国史院尤重；御史台是一时之公论，国史院实万世公论也。"由元仁宗的话不难听出其对小云石海涯所任职务的重视。而此时的小云石海涯已是一个能直接向皇帝面陈己见、参与国家政令制定的重臣了，成为中国历史上第一个维吾尔族的翰林学士，他为此感慨万分，赋诗说："迩来自愧头尤黑，赢得人呼'小翰林'。"

此时的小翰林信心满满，一心想为皇朝革除弊端。他为此写下万言书，上陈仁宗。据《元史》记载主要是六件事："一曰释边戍以修文德，二曰教太子以正国本，三曰设谏官以辅圣德，四曰表姓氏以旌勋胄，五曰定服色以变风俗，六曰举贤才以恢至道。"这些建议都关乎国家的长治久安。仁宗虽然赞许"切中时弊"，但他并不是有魄力的君主，无力更改弊端，对爱国臣子的谏言只能束之高阁。

　　与此同时，万言书触犯了一大批世袭贵族的利益，他们都将小云石海涯视为"眼中钉，肉中刺"，欲除之而后快。而这时，他的老师姚燧已经辞官回家，小云石海涯深感官场险恶，这朝野虽大，却也找不到一个人听他诉说。

　　海底月捞不起，心中事不可及。

　　元仁宗延祐元年（1314），二十八岁的他称疾辞官，彻底结束官场生涯。效法陶渊明避世，希望自己能够无拘无束地出没江湖，自由自在地在天地间驰骋。

　　既然不能达则兼济天下，那就穷则独善其身。天才小云石海涯永远不可能成为朝堂上的金丝雀，他宁愿成为在大泽中快乐爬行的小乌龟。官场达意非不能也，实不愿也，那不是天才的使命和人生追求。他有关琴棋书画、诗酒花茶的故事，才刚刚开始。

　　全世界的黑暗，也不足以影响一根蜡烛的辉煌。

二

　　元成宗大德十年，小云石海涯出任两淮万户达鲁花赤，不久后，镇守永州，于是这位二十岁的维吾尔族天才少年正式打卡永州。

　　小云石海涯没有忘记过永州，即使是匆匆驻足，随即转身而去。可是他永远回不来，也永远无法离开了，永州留在了他的心里，温暖了他的余生。

　　他一定是开心的，在最好的年华，遇见了永州。

他一定是后悔的，在最好的年华，遇见了永州。

开心是因为遇见永州那么早，见过了世界上最适合的美好，所以日后无论经历什么挫折苦难，都不觉得难过了。

后悔是因为遇见永州那么早，日后走遍千山万水，看过万紫千红，也都敌不过永州的模样，初见便已是永远了。

虽然年轻，但小云石海涯带兵打仗爱憎分明，赏罚必信。"御军极严猛，行伍肃然"。即使永州的士兵自古以来血气方刚、能征善战，也对这位年轻将军心服口服。让人惊奇的还不止于此，本以为小云石海涯仅仅是继承了西域大漠祖先的勇猛，却没想到他对于汉族礼法、道德文章也极为了解，有儒将之风。本以为这个二十岁的维吾尔族天才会自视甚高，目中无人，会忍受不了永州的山水气候，没想到他心性沉稳，在公务之暇，则写诗作曲，雅歌投壶。

如果永州化身为一个士子，也一定会将小云石海涯引为知音。

小云石海涯喜欢永州的清风明月，喜欢永州的淡云残烟；喜欢永州的欸乃山水，喜欢永州的周柳文章；喜欢永州的古城墙，喜欢永州的跑马道；喜欢永州的六月蝉鸣，喜欢永州的接天莲叶；喜欢永州的杏花疏影，喜欢永州的杨柳新晴；喜欢永州的小石潭，喜欢永州的愚溪水；喜欢永州的绿天蕉影，喜欢永州的朝阳旭日。

二十岁的他想要凭着自己的才能建功立业，又愿意"自适，不为形势禁格"，然而这是不可能的。在苦闷与矛盾中，他终于做出了将官职军权让给弟弟忽都海涯的决定。

天才如此浪漫，他要去逐月。

于是他离开了永州。当时的他并未察觉，永州也曾是他的月亮。

小云石海涯让爵后，"唱和终日，浩然忘却"，真是"弃微名去来心快哉，一笑白云外。知音三五人，痛饮何妨碍，醉袍袖舞嫌天地窄"。

可是他又怎么能真正离得开永州，即使他心如赤子，游戏人间。

当二十八岁的他第二次辞官返回江南时，路过梁山泊，于是专门雇渔舟去欣赏梁山泊的山水美景，写下一首诗《芦花被》用来换取船上渔翁的一床芦花被：

> 采得芦花不浣尘，翠蓑聊复藉为茵。
>
> 西风刮梦秋无际，夜月生香雪满身。
>
> 毛骨已随天地老，声名不让古今贫。
>
> 青绫莫为鸳鸯妒，欸乃声中别有春。

一叶孤舟，在芦荡之中穿梭，低头看鱼影不动，抬眼望云天在水。晚上还有明月观赏、波涛倾听，身上盖着芦花做的被子，还有一个清雅脱俗的渔翁相伴。为什么说渔翁是清雅脱俗的呢？因为这个能拒绝丝绸锦缎换取芦花被，反而要求用诗来换被子的渔翁，绝不是唯利是图的俗人。

这个时候的小云石海涯，应该想起了永州，又回到了二十岁时待过的永州。这山这水这渔翁，在永州时也曾见过，正如那鸳鸯一样，不妒忌青绫，也无须妒忌任何人，因为曾于二十岁见过永州。

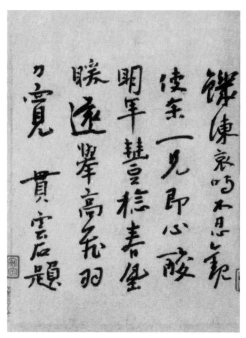

● 小云石海涯《题宋人寒鸦图卷》行书，辽
宁省博物馆藏（资料图片）

"欸乃声中别有春"，小云石海涯从未走远，他历经千帆，
归来仍是少年。

岁月如刀斩天骄。

元泰定帝泰定元年（1324），小云石海涯在杭州英年早逝，
虚岁三十九岁，似乎这正是上天和世人开的玩笑，像小云石海涯
一般的天才人物，上天也舍不得放手送给人间。

小云石海涯在散曲、诗、词、书法、曲评上均有建树，兼之
他的足迹遍布大江南北，作品融合了北方的刚健质朴，也有南方

的清新秀丽。他推崇李白、陶渊明、苏轼、辛弃疾等豪放派，还有各民族文化的融合，使他不拘一格，吸收各派之长，自成一家。他所结交的朋友都是当时才俊，如许有壬、杨朝英、张养浩等，都是文坛泰斗。辞官归隐后，和汉人学者更是交往甚密，像徐再思、邓文原、欧阳玄、张可久、杨梓等，他们交流文学，互相唱和，引为至交。

小云石海涯的好友欧阳玄为其撰墓志铭，称赞他"武有勘定之策，文有经济之才"，"其人品之高，岂可浅近量哉"。

明代后七子领袖王世贞在《曲藻》中将他列为"擅一代之长"的元曲作家之首。

陈垣先生在《元西域人华化考》中说："云石之曲，不独在西域人中有声，即在汉人中亦可称绝唱也。"

天才即使像流星一样划过，也会惊艳整片天空。

这位游戏人间的赤子，维吾尔族的少年或许正唱着"欸乃声中别有春"的古老歌谣，行走在永州的大地上。

27

欧阳玄

元儒欧阳玄与永州的不解之缘
——欧阳玄永州打卡记

○ 周平尚

※ 打卡时间：大德十一年（1307）
※ 打卡地点：道县

一

永州，物华天宝、人杰地灵，似乎天生就是一片自带光环吸引名人前来打卡的神奇土地。

大德十一年（1307），阅尽人世间繁华与沧桑的永州大地，迎来了一对特殊的父子——浏阳欧阳氏的翘楚欧阳龙生和欧阳玄。不得不说，冥冥之中似乎有一股神秘的力量，牵引着浏阳欧阳氏名人与永州结缘。

浏阳欧阳氏是一个显赫的家族，从宋代至今，人才济济，绵延不绝，对湖湘文化的发展起到了一定的推动作用。

欧阳玄，字元功，号圭斋，生于至元二十年（1283）五月，卒于至正十七年

（1357）十二月，祖籍分宜县防里村，后迁湖南浏阳，为欧阳修之后裔，元代著名政治家、史学家、文学家、哲学家，人称"一代宗师"。欧阳玄侍奉元朝五任君主，三任成均，两为祭酒，六入翰林，三拜承旨，编修《皇朝经世大典》《四朝实录》《辽史》《金史》《宋史》，撰《定国律》《选格序》，他以深厚的史学功底参与元代中后期重大的史学工程，可谓毕其功于一役，欧阳玄的一生见证了元朝的短暂中兴到逐渐没落。

欧阳玄在文史哲方面有所建树，一方面是他自身努力的结果，另外一方面是来自儒学家庭氛围的影响，欧阳氏家族浓厚的理学家学渊源对欧阳玄的成长具有润物细无声之功效。可以毫不夸张地说，欧阳玄出生于这种理学之家，这样的环境和氛围造就了一代宗师。

欧阳玄出身儒学名门世家。据宋濂所撰《欧阳公文集序》载："其先家庐陵，与文忠公修同出于安福令之后。"欧阳玄曾祖父欧阳新以经学著称，曾任岳麓书院讲学，岳麓书院是宋以来理学研究之一方重镇，与族人欧阳守道交往甚密，理学家风代代传。欧阳玄祖父欧阳逢泰，在其父欧阳新卒后，

● 欧阳玄《圭斋集》

被欧阳守道推荐于当道，出任潭州学录，经术行业，师表一方。
逢泰擅长词赋，体裁务为典雅，每一篇出，士必争学之。

　　欧阳玄父亲欧阳龙生，字成叔，生于宋末。少从醴陵田氏受
《春秋》三传，试国学以《春秋》中第二，宋末隐居浏阳白云庄
17 年。浏阳旧有文靖书院，为宋儒杨时讲学之所。元初废科举，
轻学问，书院圮废。后复科举，礼部派使者至浏阳修复文靖书院，
龙生为山长，后任道州路教授。据《元敕赐翰林直学士亚中大夫
轻车都尉追封渤海郡侯欧阳公神道碑铭》记载："今浏阳升中州，
例设教授师席初筵须宿儒硕望，启迪来学。宜移教其邦人，便朝
论，是之，改浏阳州儒学教授……科场既辟，进士辈出。实公权
舆之，迁道州路教授。道介两广，或以为远。公曰：兹为周夫子
之乡，何远之有？至官，郡庠邻濂溪书院。公定规约，朔望谒宣
圣毕，教授率诸生谒濂溪祠。"欧阳龙生一生以教育学生为己任。
他恢复文靖书院，选优秀的学子亲自教导，学生很多都中了进士，
这都是他的教育之功。尤其是他对周敦颐的崇拜与喜爱，路途遥
远远赴周夫子之故乡改任道州路教授。

　　另外，欧阳玄的母亲对其理学启蒙影响也是深远的。据危素
所撰《大元故翰林学士承旨光禄大夫知制诰兼修国史圭斋先生欧
阳公行状》载："母冀国夫人李氏，贺州签书判官厅公事某之女，
读书能文，亲授《孝经》、《论语》、小学诸书。"生母李氏对
欧阳玄的理学启蒙教育可谓居功至伟。欧阳玄对母亲的理学启蒙
回忆尤其深刻，在《题子美寻芳图》中这样写道："吾年三岁声
吾伊，慈亲膝下教杜诗。如今蟫蠹三十载，梦寐欲见终无期。"

生动描绘了慈母的启蒙教育场景，正是母亲的言传身教，督促欧阳玄博览群书，打下了扎实的学识基础。另外诗歌还表达了欧阳玄对母亲的深切思念，由此可见欧阳玄对母亲的感情之深，足以感天动地，以至于在母亲去世之时"哀毁致疾"。

在这样的家学浓厚的氛围中，欧阳玄学业精进。据元史《欧阳玄传》载：欧阳玄自幼聪明，八岁时就能成诵。"始从乡先生张贯之学，日记数千言，即知属文。"由传记可见，欧阳玄自幼聪明，八岁能背诵，开始跟随同乡的老师张贯之学习，一天能记几千字，就懂得写文章。十岁时，有一道士凝视欧阳玄，对张贯之说："这个孩子神气凝远，目光逼人，以后会凭借文章成为天下第一，是国家的栋梁之材。"说完就离开了，贯之急忙追赶想与他讲话，已不知他的去向。部使者巡查各县，欧阳玄以学生的身份拜见使者，部使者让他作梅花诗，他立刻作成十首，晚上回去时，增加到上百首，看见的人对此都很惊讶。十四岁时，进一步跟随宋朝遗老学习作辞章，下笔就能写成文章，每次参加乡学考试总是位居前列。二十岁时，闭门读书几年，没有人见到过他，经史百家，没有不研读的。

二

欧阳玄的顺利成长，让欧阳龙生甚是欣慰，且对儿子的未来期盼甚高。

大德十一年（1307），欧阳玄二十四岁。据危素《大元故翰林学士承旨光禄大夫知制诰监修国史圭斋先生欧阳公行状》记载：

"十一年，公生之日，集贤公为词以寿之，期待之意甚远。集贤公迁道州路儒学教授，公实侍行。道为周元公乡里，儒风尤盛，公日从诸先生游，学力锐进。境内胜概题藻殆遍。"

公元 1307 年，欧阳玄随父正式来到永州打卡。道州是周敦颐的故里，理学之风尤盛，欧阳玄跟随父亲上任，在道州跟随诸多理学先生游学，读万卷书，行万里路，学力突飞猛进。爱好写文章的欧阳玄，还将道州的名胜古迹题写殆遍。不过最令人惋惜的事情就是，欧阳玄的著作大多毁于流年战火，传世的只有部分著述，在现存的《欧阳玄全集》里难觅有关道州的精美文章，不能不说是一大遗憾。

欧阳龙生为欧阳玄虚岁二十五岁生日，特作词《沁园春》以示期盼：

玄子来前，还忆汝，今朝初度时。

是吾家几世，书香阀阅，我翁畴昔，心地坦夷。

宅相伊何，泛红老子，汝母慈仁有儿。

如今恨，倚门人去，和胆为谁。

丈夫七十何为。

算三十功名已是迟。

要经天纬地，拓开实用，嘲风弄月，省可虚词。

我亦平生，卮言徒费，犹酌檐花向九嶷。

团栾好，待老吾泉石，留汝钟彝。

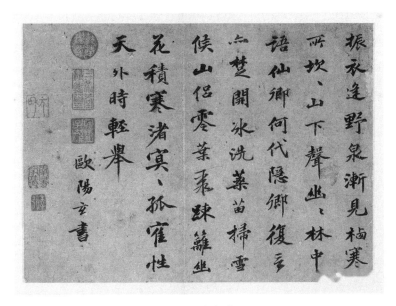

● 欧阳玄书法

从这首词中可以看出，欧阳龙生对欧阳玄期盼极高，希望他能功成名就，但当时元朝廷尚未开科举，欧阳玄待在道州随父研读经史文章，夯实功底。当年，虞集之父虞汲教授于潭，每每见到欧阳玄的文章，都不禁拍案叫绝，将欧阳玄的文章编成卷快马加鞭寄给在京任国子助教的虞集。欧阳玄人虽未去京师，但名声早已在京师流传开来。

世事总是充满无常，这首饱含父爱深情的《沁园春》被欧阳玄珍藏于衣箱中，却于1312年下人取箱洗衣的过程中不慎遗失，欧阳玄苦寻多日未果，自责悔恨未能保留珍宝而难过。直到1336年，欧阳玄侄子在整理旧物时，无意中又找回此词，连夜写信告知在京城的欧阳玄，珍宝失而复得，欧阳玄捧词喜极而泣，将此经过写成《沁园春跋》，以作为纪念。

> 大德丁未，玄贱生之日，先公祝之以《沁园春》，玄受而藏之。第年少家贫，性亦疏散，房中惟有一败箧，以绳约之，箧中无所有，又以纸外护之甚严，暇日时复展玩。明年戊申，不幸先公弃捐，自是见辄呜咽，殆不忍观。皇庆壬子，玄免先公丧，又二年矣。先公在时所定谢氏，岁久不克成婚。继姊长沙郡君，谋为玄毕婚姻，而玄方游湘中。继姊老妮启玄箧，取故衣浣濯补纫，以俟新婚。老妮目不知书，箧中文字，亦为所持去，此词亦在焉。玄归而求之，竟失其所，遍索十数日，无得，深自刻责，以为不能宝藏先人之训，遂为此生抱恨之大端。每至劬劳之日，则泣而识之，如是二十五年，屡尝吁之先公，冀阴相之，庶几复见此词，以无负付嘱之意。

至大元年（1308），欧阳玄二十五岁，继续跟随欧阳龙生在道州学习经史之学。其迹在《濂溪故居祠堂记》可考："大德丁未、戊申间，玄从先君子冀国公典教是邦，岁祠，屡造故居……"

这一年也是欧阳玄伤心欲绝的一年，来永州打卡的第二年，父亲欧阳龙生在著书的过程中离世。据张起岩所撰《元敕赐翰林直学士亚中大夫轻车都尉追封渤海郡侯欧阳公神道碑铭》记载："礼部晚岁，究心《太玄》，作律历，统元图书数十卷。因耗心，得渴疾，公泣谏不为止，未脱稿，卒。"据危素《大元故翰林学士承旨光禄大夫知制诰兼修国史圭斋先生欧阳公行状》记载："集贤公卒，居丧毁瘠，扶柩以还，筑室墓侧，居庐三年。"欧阳玄带着丧父的悲痛离开了永州，从此再未踏入永州这片热土。

三

尽管欧阳玄在有生之年再未回过永州，但是他的心却与永州
紧紧相连。尽管欧阳玄在道州所待的时间只有短短的两年，但是
受濂溪理学之乡浓郁的理学思想熏陶，其学术思想的形成亦受深
远的影响，欧阳玄形成了鲜明的推崇濂溪理学，以理学为宗、以
史学为底、以学理见长的雅正之风。

至正六年（1346），欧阳玄六十三岁。这年冬天，欧阳玄作《道
州路重修濂溪书院记》。"玄幼年侍先君子职教是邦，读书濂塾
之侧。追忆往时来游来歌之地，因吴侯之请，辄以旧所闻于家庭
者附著于斯焉。"

这一刻，他的灵魂再次回到永州这片令他魂牵梦绕的热土，
思绪穿越到随父研读的美好时光。

欧阳玄作为元代的著名理学家，对濂溪先生的理学思想倍加
推崇并加以继承。欧阳玄在《道州路重修濂溪书院记》一文中，
对理学思想进行了系统的梳理："谓斯言不出于《太极图说》《通
书》可乎。孟子言天地之性，程子兼言气质之性，然后荀、杨、
韩子之说俱废。气质之论原于周子，灼然无疑者也。且自《太极
图说》《通书》行世，世之为儒者苟知读濂溪之书，无不获闻性
与天道之言焉。假令子贡复生，当叹今之学者得闻斯言为幸。"
欧阳玄对周敦颐的《太极图说》和《通书》中天道贯通人道的思
想体系倍加推崇，认为世人读濂溪之书就能闻性与天道之说。欧

阳玄还充分继承了宋代理学家的性命天道贯通之哲学观点，并加以发扬。欧阳玄从"尽其心者，知其性也"的立场出发，将天道与人道之性情相互贯通，进一步用天道贯通了心性情。此外，欧阳玄对周敦颐的"师说"极力推崇："师道立则善人多，善人多则朝廷正，而天下治矣。"告诫师生"教者师道自树"，"学者善人自期"，做一个"真儒"。

当繁华落尽，洗尽铅华，世人才蓦然发现诸如欧阳龙生欧阳玄父子等历代名人来永州打卡所留下的雅事，犹如一场色香味俱全的饕餮盛宴，在历史的长河中潜移默化地熏陶着永州人民，造就出永州特有的人文底蕴和超凡品格，形成了永州特有的文化品位，这也是永州经久不衰的"文化之根"和"义化之魂"。

王船山肖像　吕德等

28 王船山

天下事，少年心，分明点点深
——王船山永州打卡记

○ 洋中鱼

※ 打卡时间：清顺治十一年（1654）
※ 打卡地点：东安、零陵、祁阳、双牌、宁远

为追寻明末清初那位天地大儒在永州的行踪，我与朋友们来到了双牌县境内的云台山。

山如台，云如带。云带绕山，似一幅水墨，果然是好山，好云，好风景！

此处，离双牌县城颇远，离永州市区更远。只有到了云台山这样的地方，才有置身世外桃源的感觉。

年少时，总是向往城市的繁华与热闹，总觉得只有站在熙熙攘攘的人流中，才能感到自己真实的存在。

时至此时此地，方才醒悟：人生本来就是一场没有回程的孤独之旅。一路前行，一路相逢，有聚有散，方为常态。

而这次，我们要在常态的人生中，追寻一个人往昔的"非常态"。他为什么来这里？在这里干了一些什么？若不仔细追问，似乎还有许多谜团无法解开。

在山路上，我一边听取当地村民的介绍，一边瞪大眼睛努力去探寻，期盼在某棵古树下、某条小路上，邂逅他渐行渐远的背影。

而在追寻的过程中，自己的心里忽然涌起一种"松花酿酒，春水煎茶"的感觉，渴望像古代君子那样，邀请我追寻的对象在此共圆一个隐居梦，抛却名利，在屋前栽花，屋后种菜，松花酿酒，春水煎茶。

只是今天，我能穿越时空，与三百六十多年前那位本名叫王夫之、后人称为王船山的大儒在此相遇吗？

春雨歇脚之际，云雾渐渐散开，前方的数座山峰现身而出，似出水芙蓉，十分美丽。只是不到片刻，云雾又缠绕而来，特别是一缕云彩，竟神奇般向我扑来，挨近时却又化成乱絮旋即随风而去。

我见了，心里一震：那是羽化的王船山吗？

可是他为什么却又马上离去了呢？难道是我的脚印凑巧重叠了他的脚印，因而惊扰了他栖息在此的宁静？难道当年他也是站在这个位置眺望远方的，因而带给今天的我某种心灵感应？

远方，有他的人生理想，有他的远大抱负，自然也有他的沧桑经历和心酸回忆。

是啊，他曾在此驻足眺望，没想到一转身却已三百六十余年。

想到这里，我脑海里忽然涌出一句诗：人生天地间，忽如远行客。

在云台山寻寻觅觅，我耳畔似乎传来朗诵的声音：

佛宇不可知，云留高树里。日落钟磬声，随云度溪水。

这是王船山先生写在这里的《云台山》诗，收录在他的文集里。

斗转星移，沧海桑田。按图索骥，我找不到当年的佛宇、看不见当年佛宇里的佛陀身影，只在附近见到了一些残剩的寺庙遗址；侧耳倾听，再也听不到当年佛宇悠扬的钟声，只有注入附近潇水的那条溪水尚存，但也似乎瘦了许多；只有那变化多端的云，还似当年那般顽皮，仿佛要告诉我们船山先生当年栖息在此的点点滴滴……

二

据《王夫之年谱》记载："国朝顺治十一年甲午（1654），明桂王永历八年，公三十六岁……秋八月，公避兵零陵北洞钓竹源、云台山等处，粮公留侍。"

永州学者张泽槐先生的《永州史话》亦有类似记载：顺治十一年八月，王船山避难于零陵北洞钓竹园、云台山等处。

从王船山留下的文字来推测，北洞钓竹源应当在祁阳县与零陵交界处，但现有地名中确实难以找到痕迹。所幸，《船山文集》中收录了他写的一首《钓竹源》诗：

杉竹迷千嶂，豆苗萦一湾。麋麖不相避，肥草隐潺湲。

从诗中可以看出，钓竹源是一个风景秀美、生态良好的地方，

●船山公年谱（资料图片）（洋中鱼 摄影）

很适合隐居。大约是追缉太紧的缘故，令他不得不做了放弃。

而他在永州的第二个歇脚点云台山，在寂寞三百六十余年后，毕竟等到了我们这些探寻者的足印。

云台山在今双牌县上梧江瑶族乡，海拔八百余米，临近潇水，四周林木茂盛。晴朗之日，是看日出的好地方。

据双牌的朋友和本地村民介绍，云台山曾有两座古建筑：一座是山顶的古庵，一座是半山腰的枫王庙。

遗憾的是，两座古建筑早已坍塌，只剩下些许残痕。

根据村民的指认，我们发现古庵的墙基还清晰可见，六个石头柱础散落在墙根，部分风化。在一户人家的走廊上，还发现两块被当作台阶的青石板，上有模糊字迹难以辨认。

据介绍，古庵原有上下两栋殿堂和左右两排偏房，庵内有三口钟。庵内供奉着关羽像和十八罗汉，每逢农历初一、十五都有人来烧香。

而我的视线却聚焦在古庵遗址前的那棵大树身上。风中的它，似乎在踮起脚尖，眺望潇水。

顺着大树的目光，我仿佛看见一群人在枫王庙下面的潇水下岭铺码头弃船上岸，从顺治十一年的八月穿越而来。

领头的是隐居在本地的王文俨，跟在后面的是王船山和他的家人。王文俨是王船山在永州的好友，一直照顾王船山一家的生活。

彼时，王船山三十六岁。跟在他身边的是第二任妻子郑氏，还有跟了自己三年的内弟郑显祖，可能还有自己前妻的孩子等人。

至于文献记载的"敉公留侍"，是指王船山二哥王参之的长子王敉。他自从1647年8月父亲过世以后，一直陪伴叔父，走肇庆、赴桂林，又逃离桂林转回衡阳，与王船山一同隐居耶姜山，誓不剃发。到了1654年，王船山原本打算回衡阳城内的老家王衙坪休养一段时间，不料清廷侦缉很紧，王船山不得不避难到零陵北洞钓竹源。稍后，又来到云台山。

可是，这一次王船山并没有带着王敉一起来永州，而是把他留在伯父王介之那里。对于在衡阳无亲无故的郑显祖，王船山应是带在身边"授尔读"的。

王船山万万没想到，与侄儿的这一别，竟成了永别。就在他避难云台山期间，乱兵在衡阳一带胡乱抓人杀人。八月，王敉不幸被乱兵杀死于道途之中，彼时，王籽只有二十五岁。

在云台山住下不久，王船山就获悉侄子遇害，从此茶饭不思，"悲激之下，时有哀吟"。在他的《五十自定稿》里，有四首悼念王敉的诗，其中有这样的诗句：

> 时日荒荒打枣天，山头回首杳虚烟。
>
> 当时不道今生别，犹向金风泪黯然。
>
> 割股分肌亦屡尽，如今万矢倍攒心。
>
> 岳阡秋草应含怨，万树严霜杀一林。

即便是三百余年后的今日，我们读到这些诗句，也感到无不惋惜。

三

王船山从零陵北洞钓竹源转来云台山时，已经十分窘迫。因为清廷缉拿，他从三十岁之后，一直到去世，绝大多数时间都是隐藏在乡下。在很长的时间内，他一直过着饥寒交迫的生活。

如果根据相关文献的记录，来还原他在湘南一带逃亡三年的生活景象，我们几乎不敢相信他当时窘迫到什么程度：居无常所，讲无课堂，只得"借僧寺授徒"。"严寒一敝麻衣，一褴袄而已，厨无隔夕之粟"，常与弟子们一起"昼共食蕨，夜共燃藜"，以山中野果果腹，燃野草取暖……

面对这样一个落魄而坚毅的反清复明者，云台山只能用飘过山头的白云和古庵悠扬的钟声来安慰他疲惫的心灵。

假设当年的王船山了无牵挂地来到云台山，也许会做到心中无一物，八风吹不动；也许可以像墙角一枝梅，幽处静守，独自安放；也许可以理清心中忧扰，拨开迷雾见月明；或者，像陶渊明那样定心凝神，种豆南山下，在心间修篱种菊，宁静且丰厚。

遗憾的是，别人可以做到的，他王船山做不到。

他只知道自己是大明"遗臣"，必须联合所有能联合的力量，来实现反清复明的人生抱负。

永州反清复明力量活跃，也是南明政权的根据地之一。

据文献记载：永州府属湖南布政使司，领州一县七。自清朝1644年建立政权，直到1664年，这二十年间，明兵与清军在此屡屡混战。如：1646年5月，明将曹志建、郝永忠（原李自成部将郝摇旗），由江西溃退至江华、永明。同年6月，明将何腾蛟等与清军混战于永州。1649年，清军复定永州各县。1652年4月，李定国（张献忠部将）袭取永州。

这些此起彼伏的反清义举，一直被王船山所关注。

云台山周围是瑶族的居住地，这些瑶人跟九嶷山、江华、永明等地区的瑶族同胞联系紧密。王船山想通过自己的走访，从中寻找志同道合的反清义士，最后像当年响应大顺农民军"忠贞营"大败清军于湘潭一样而在南岳方广寺举兵，带领这一带的义士再次反清。

这，才是他来云台山的真实原因。

貌似来此避难的王船山，以云台山为落脚点，他专挑行人稀少的小路出访，进行秘密联络，足迹遍布附近的祁阳、零陵、宁远、东安等地。

只是，结果并没有达到他的预期。

四

作为一个重任在肩的学者和反清义士，王船山曾经到过湘桂两省的很多地方，包括一些深山古寺，可他无法做到"闭门即是深山"，无法像太平盛世的学者那样尽情享受惬意的生活，但在兵戈铁马的岁月里依然保持一颗清醒而坚定的心。

王船山在逃亡途中，未曾丢弃自己的诗心，曾创作《潇湘十景词》，其中前四首均与永州有关，兹抄录于下：

蝶恋花·舜岭云峰

九岭参差无定影。湘竹阴森，回合清溪冷。一片绿烟天际迥，迷离千里寒宵暝。

香雨飞来添碧凝。认是当年，望断苍梧恨。东下黄陵知远近，西崦落日回波映。

蝶恋花·香塘渌水

湘水经东安县东，有沉香塘，石壁隙插一株，云是沉水香。澄潭清冷，绿萝倒影。

湘水自分漓水下。曲曲潺潺，千里飞哀泻。冰玉半湾尘不惹，停凝欲挽东流驾。

● 《船山晴行图》（资料图片）

百尺危崖谁羽化？一捻残捍，拈插莓苔隙。忆自寻香人去也，寒原夕阳烧悲坡。

蝶恋花·朝阳旭影

在零陵县潇水侧，去钴鉧潭、愚溪不远，北十里为湘口，是潇湘合处。

瑶草难寻仙苑道。洞里春生，一霎韶光好。圆牖茏葱迎始照，天涯一点红轮小。

无那云端迷海峤。断送金乌，闷损飞光倒。纵有晶荧开霁昊，斜阳又被寒烟罩。

蝶恋花·浯溪苍壁

在祁阳县南，元次山勒颜鲁公中兴颂于崖壁。苔光水影，静目愉心。

谁倚磨崖题彩笔？记得中兴，仙李盘根密。万里湘天开白日，晶光长射蛟龙室。

欲泛扁舟寻往迹，路隔、舟梯、水弱、罡风急。日暮湘灵空鼓瑟，猿声偏向苍湾出。

从这四首词中可以看出，王船山曾经到过宁远的九嶷山、东安的沉香塘、零陵的朝阳岩和祁阳的浯溪等地。这些地方，也因王船山的诗词而倍增文化内涵。

从王船山在湘南逃亡三年的轨迹来推测，他应该是从衡阳耶姜山出来后，先坐船从水路抵达祁阳浯溪，游览浯溪之后，在祁阳跟零陵交界处的钓竹源住了一段时间。可能是清廷追捕很紧，或者是联络反清义士不理想，故而溯流而上抵达东安，然后再折返到潇湘二水交汇处的蘋岛，溯潇水而上，在零陵做短暂停留，游览朝阳岩。而后，继续坐船上行，抵达云台山。在云台山期间，他又去了九嶷山等地。

这些地方给他的印象很深，所以他每到一处就创作了一首诗词。

这是他的行踪记录，也是他留给永州的最好财富。

1655 年 8 月，离开云台山之后，王船山又携家人逃亡到常宁等地，为了维持生存，他开始收徒授课。然后，像一只疲惫的鸟，扇动着沉重的翅膀，于顺治十四年（1657）四月，飞回衡阳老家，才结束三年多的湘南逃亡生活。

若从 1648 年举兵抗清算起，他则历经了近十年的漂泊与坎坷。

1660 年夏，王船山带着家人迁居到湘江以西的衡阳金兰乡高节里石船山下隐居，发愤著书，直至谢世。

五

杨绛先生曾说："人生一世，无非是认识自己，洗练自己，自觉自愿地改造自己。"

命运掌握在自己手里。我们的人生究竟要活成什么样，终究还是要由自己说了算。

人，害怕孤独。孤独，可以是生活上的，也可以是心灵上的和精神上的。

对王船山来说，可能是三者兼备。考虑到他漂泊的路上有妻子和内弟、子侄相伴，所以，主要的孤独是后二者。

仔细阅读《王夫之年谱》或《船山公年谱》，我们可以发现，王船山的一生，有48年是在清廷的统治之下度过的。但他与清统治者不共戴天，始终称自己为"明遗臣"。他在长期的逃亡和隐居生涯中，一直在钻研学术，并著书立说，由此形成了自己的思想体系和精神体系。船山精神主要包括三个方面：以坚贞之遗臣所体现的民族气节，集豪杰与圣贤于一体的人格理想，即事穷理经世致用的求实精神。

最令我钦佩的是，自从清廷建立，王船山先生始终保持着自己的骨气，无论何时何地，都未曾向清廷低下大明"遗臣"高贵的头颅。

王船山学问虽然博大而细密，但在很长时间里却因为各种原因而默默无闻，直到晚清湘军首领曾国藩整理出版了《船山遗书》之后，其思想影响力才真正逐渐为世人所知，其人格精神与思想学术却得到了湖湘士子的大力赞扬。尤其是以曾国藩、郭嵩焘、彭玉麟、胡林翼、罗泽南等人为代表的晚清湘军集团将领，大多推崇船山学行。

可以说船山精神，是凝聚湘军将领的一条重要精神纽带。

有当代学者如是评价：船山继承和传递了湘学当中的性理之学与经世之学，并且将之融会贯通，形成内圣外王的学术精神；

还将湘学之中深厚的民族主义思想传统发挥到极致，形成了一种合圣贤与豪杰为一体的理想人格，具有这些特质的船山精神，吸引、感染和征服了无数人，最终王船山俨然成为近代湖湘文化的一面旗帜。

不佞以为，这种评价比较中肯。

王船山七十一岁时，他的门生、画家刘思肯造访湘西草堂，为他绘了一幅小像。

绘完后，王船山有感而发，题《鹧鸪天》词一首，以表坚贞自信之心志："把镜相看认不来，问人云此是姜斋。龟于朽后随人卜，梦未圆时莫浪猜！谁笔仗？此形骸，闲愁输汝两眉开。铅华未落君还在，我自从天乞活埋。"

乞活埋，好一个意志坚定的王船山！

只是有的人不知道，王船山这个名字其实是他晚年隐居到石船山下著书立说时才使用的，之前，他一直叫王夫之，使用笔名和自号有"玉壶""壶道人""夕堂""一瓠先生"等。

我在想，当王船山暮年站在湘西草堂前，依靠在自己种植的枫树上，回忆起自己起伏跌宕的一生，感觉前尘往事犹在眼前时，恐怕是一种"天下事，少年心，分明点点深"的心情吧。

后记

　　2020 年 11 月 23 日，在由永州市人民政府主办的"大湘南对接大湾区"2020 永州文旅（广州）推介会上，永州市委常委、市委宣传部部长钟君接受南方卫视等媒体采访时，向大家解释了"千年打卡胜地"的由来："从元结写《大唐中兴赋》开始，到颜真卿将其书丹至浯溪石崖，历代文人墨客都到永州来'打卡'过。如果说中国古代就有'红人打卡地'一说，那历史最久的应该是永州了。"

　　之后，永州市委常委、宣传部部长钟君多次主持召开策划会，就加大"千年打卡胜地"宣传推介进行安排、部署，并提出了"千年打卡记"这一选题，由永州日报社负责落实。为了高质量完成这一报道任务，永州日报社编委会研究决定，聘请湖南科技学院国学院院长、著名学者张京华教授为"千年打卡记"系列报道历史文化顾问。钟君部长和张京华教授为主的国学院专家团队，对报道的永州历史人物清单、报道方式、稿件组织等提出了大量中肯的意见，张京华教授为主的国学院专家团队为报道提供了部分历史人物的基础材料。永州日报社则由永州市作家协会副主席、永州本土历史文化研究专家、报社副刊编辑杨中瑜（笔名洋中鱼）主笔，进行二次创作。通过双方的真诚合作，于2021年3月5日推出了关于虞舜的第一篇专题报道《四千三百年前的伟大背影——虞舜永州打卡记》。系列报道发出后，社会反响很好，许多文化研究专家和文艺工作者对此纷纷点赞，不少媒体对此进行转载，市委、市政府主要领导多次在不同场合对这组专题报道给予肯定和表扬。

经过五个月的艰苦努力，截至 2021 年 7 月底，我们一共推出了 31 位打卡永州的历史人物。按照张京华教授的建议，现将其中的 28 篇结集出版，作为阶段性成果奉献给广大读者。湖南人民出版社对本书的出版给予了大力支持，安排专家对书稿中的史料进行了订正，并对部分文字进行润色。在此，特别表示感谢！由于时间仓促，个别文稿难免存在瑕疵，敬请广大读者批评指正。

本书在编撰过程中，得到了湖南科技学院国学院张京华、周欣、敖炼、林云鹤等老师和永州市博物馆副研究员杨宗君先生等人，以及潇湘意摩崖石刻拓片博物馆等单位的大力支持，在此一并致谢。

编　者

2021 年 8 月

图书在版编目（CIP）数据

千年打卡记/钟君主编. — 长沙：湖南人民出版社，2021.10

ISBN 978-7-5561-2794-8

Ⅰ.①千… Ⅱ.①钟… Ⅲ.①文化史—永州—通俗读物 Ⅳ.①K296.43-49

中国版本图书馆CIP数据核字（2021）第181979号

QIANNIAN DAKA JI

千年打卡记

主　　编	钟　君
出版统筹	黎晓慧　陈　实
监　　制	傅钦伟
产品经理	田　野
责任编辑	李思远　田　野
责任校对	杨萍萍
装帧设计	谢俊平

出版发行	湖南人民出版社〔http://www.hnppp.com〕
地　　址	长沙市营盘东路3号
邮　　编	410005
经　　销	湖南省新华书店

印　　刷	长沙超峰印刷有限公司
版　　次	2021年10月第1版
印　　次	2021年10月第2次印刷
开　　本	880 mm × 1230 mm　　1/32
印　　张	11.75
字　　数	200千字
书　　号	ISBN 978-7-5561-2794-8
定　　价	78.00元

营销电话：0731-82683348　　（如发现印装质量问题请与出版社调换）